概説 日本の公共政策

新藤宗幸

【第2版】

東京大学出版会

An Introduction to Public Policy in Japan
Muneyuki SHINDO
[2nd Edition]
University of Tokyo Press, 2020
ISBN978-4-13-032229-4

はしがき

「ポツンと一軒家」というテレビのドキュメンタリー番組が人気を呼んでいる。人里はなれた山間に暮らす住人の生業を、突然のインタビューで描いたものだ。大都会の喧騒や厄介な人間関係から脱して暮らしたいという潜在的な願望が、高視聴率をささえているのだろう。とはいえ、わたしたちは、どこに暮らそうとも政府の政策や事業から隔絶したところで生活を営むことは難しい。

折しも、二〇二〇年冒頭から新型コロナウイルス感染症（COVID19）が、世界的に猛威をふるっている。日本の社会経済も混乱を極めている。この感染症にたいする医学的対策はきわめて初歩的な段階にとどまっているから、政府の政策も「場当たり」的対策の域を越えるものではない。それだけに政府の政策をめぐって議論は尽きないが、あらためて政府の活動が市民の生活に直結していることを認識させたといえよう。

東日本大震災が発災して満九年が過ぎた。この大震災が未曽有であるのは、巨大津波の襲来と原子力発電所の崩壊の結果、広範囲にわたる地域が破壊されたばかりか、人体、土壌、大気、海洋に甚大な負荷をもたらしたことだ。それだけではない。東日本大震災は、工業化による近代化と経済成長を至上の目的としてきた近現代の日本の歩みに、疑問を突き付けたといえよう。大津波に襲われ壊滅的打撃を受けた三陸沿岸は、高度経済成長期以降、人口の流出が著しかった。原発の建設はまさに工業化の推進に向けたシンボル的事業だった。大震災からの復旧・復興の掛け声は大きい。だが、三陸沿岸では「これが復興ですか」といわれるように、巨大なコンクリート防潮堤の建設と長年省みられなかった自動車専用道路の建設が急ピッチで進んだ。しかし、人の定住にむけたプログラムはなおざりにされている。原発にいたっては、これほどの過酷事故にもかかわらず、政府は「ベースロード電源」(基幹電源)としての位置づけを変えていない。

日本の公共政策は、その「劣化」が著しいと指摘されてきた。年金、医療・保健、介護・福祉、住宅・都市計画など、どの政策分野でも人びとの「不安」が高まっている。おそらく、その根底にあるのは、東日本大震災の「復興」事業にみるように、公共政策をデザインする思考が近代化過程時代のままであり、人びとを取り巻く環境の変化が的確に認識されていないからだといえるのではないだろうか。しかも、政治の潮流となっている新自由主義といわれる市場経済の重視が、政治家や官僚をはじめとする政策アクターの環境変化への眼を、一段と曇らせているといってよい。かれらは現代社会の複雑困難な問題に果敢に挑戦せずに、市場に投げ出してしまっている。生活のささえになり難い年金を前にして、個人の貯蓄が大切などというのは、まさにその典型例だ。

民主主義政治のもとでの公共政策は、市民の生活を安定させるために、市民の手によってつくられるべきものである。より具体的には、国民の代表からなる政治は、問題状況を研ぎ澄まされた眼でとらえ、解決のための政策を構想し、着実に実施していかなくてはならない。だが、そのような活力を政治にみることは難しい。こうした状況だからこそ、わたしたちは、公共政策の意義や政策設計の視点や方法についで学ぶべき時代におかれていよう。

*

ところで、公共政策を教育プログラムの中心におく大学の学部や大学院は、ここ二〇年ほどの間に急速に増えた。ただし、広い意味での「政策学」には多様なアプローチが試みられており、それは依然として開発途上にあるといってよい。本書が機軸としているのは、政策の作成と実施に大きな影響力をもっている官僚制の構造や機能の分析を主要なテーマとする行政学からのアプローチである。そこから、政策とはそもそも何であるのか、いったい、どのような制度条件のもとに作成・実施され評価されているのか、また政策のイノベーション（革新）とは何を意味し、どのような条件のもとで可能なのか、を考えていくことにする。

本書の第一版が刊行されたのは二〇〇四年だった。すでに一五年余の時間が過ぎ去っている。改訂にあたって、政策の概念をはじめとする基本的視座に変わるところはないが、この一五年ほどの時間の経過のなかで生じた、政治と行政の関係、政策の作成と決定の組織と手続きなどにみる重要な変化を中心として、現代日本の公共政策の実態と問題状況に迫ってみた。

この本が大学・大学院で公共政策を学習する際のテキストとして活用されるならば幸いである。また、多種多様な政策問題に関心を抱き、政策過程に参画しようとする人びとに役立つことを願っている。

本書は、第一版に引き続き東京大学出版会編集部の斉藤美潮さんの熱心な編集作業にささえられている。斉藤美潮さんに心よりお礼を申し上げる次第です。

二〇二〇年七月

新藤 宗幸

目次

1章

公共政策とは何か

❶ 公共政策の発展

政府の政策としての公共政策

一般に政策とは、ある問題を解決するために決定された行動の指針であるといえよう。したがって「政策」という言葉は、中央・地方の政府のみがもちいているわけではない。たとえば、「わが社の経営政策は……」といったように、企業の経営陣は、政策という言葉をもちいて企業の将来方向を語り、その実現にむけた一連の行動を打ちだしている。大学をはじめとした学校法人も、「わが校の教育政策」として、どのような人材の養成を目的にしているのか、そのために採用しているカリキュラムや教育方法をアピールしている。このように政策は、日常的に多くの団体のリーダーによってひろく使われている。

しかし、本書が考察の対象としているのは、企業など民間の団体が、それぞれに固有の問題を解決するために採用した政策ではない。あくまで政府（government）の政策であり、「公共的問題」の解決を目指した公共政策（public policy）である。それは個人や団体の社会における活動に大きな影響力をおよぼしている。それればかりか、ある特定の行動をとるように強制力をもって迫ってくることもある。

もっとも、「公共的問題」の解決のために政府が採用した決定や行動の指針といっても、それだけでは政策の定義としては、はなはだ一般的にすぎよう。もともと「公共的問題」といっても、「公共的」であることに普遍的な認識が存在するわけではない。「公共的」であるか否かは、その時々の政府の権力構造や社会経済的条件に左右される。しかし、政策を考える「入口」として、まずはこうした一般的な定義から公共政策を考えていくことにしよう（詳しくは5章1で再度論じる）。

●—「立法国家」から「行政国家」へ

近代市民革命は民主主義政治体制を政治の基本原理とした。国民（人民）主権を基本として、選挙を通じて有権者の信託をうけた人々からなる、社会の共同管理機構（政府）をつくりあげた。近代初期の政府は「小さい政府」「夜警国家」といわれたように、名実ともに活動領域を限定していた。つまり、社会に生起する問題は「神の見えざる手」によって予定調和的に解決されるとの認識をもとにして、政府の活動は外交、国防、治安に限定するものだった。

政府の活動領域が飛躍的に拡大をみるのは、一九世紀に入ってからである。資本主義経済の目覚ましい発展は、一方において国の富を向上させたが、他方において、階級・階層間格差を拡大した。そればかりか、今日の言葉でいえば、都市・環境問題を深刻化させた。都市はまさに第二次産業の拠点だったが、そこに農村部から大量の人間が流入し、その結果住宅（スラム）、大気汚染、伝染病、交通といった問題が深刻になった。引き続く経済発展は、過剰生産恐慌といわれる経済恐慌を繰り返したから、都市の問題はきびしさを増すとともに、経済権益をめぐる国家間の対立を引き起こしていった。

こうした問題をうみだしながらの資本主義発展は、政府の職能と機構を複雑なものへと変化させた。近代当初に議会の制定する「法律の執行」と観念され、実際にもそれで事足りた行政活動は、政府の活動の原案をつくるとともに、政治（議会）の決裁をうけて問題事象に対処するための仕事を背負い込んだ。政府はそれをなしうる専門的知識や技術をもった人材（職業公務員）を必要とした。こうして政府行政機構には、職業公務員からなる官僚制が進展していった。

憲法原理からいえば、議会は「最高権力機関」である。だが、国民の代表から構成される議会は「素人集団」であることをまぬがれない。専門的知識や技術をもつ行政機構を監督し、政治の意思（国民の意思）にそった活動を行わせるために、さまざまな制度的工夫が試みられた。議院内閣制をとる国と大統領制をとる国とでは、内閣や大統領といった執政部と議会との関係は異なっている。しかし、共通しているのは、執政部の組織や権限を充実させ、行政機構をコントロールしていこうとする試みである。ただし、この執政部と行政機構との実際の関係はかなり複雑であって、執政部が行政機構をコントロールできているかどうかは、国々や時代に応じて多様である。いずれにしても、執政部の構想する政策や事業の原案の作成は、行政機構に依存している。

行政学のテキストは、こうした政府内部における実質的な権力の所在の変化を「立法国家」から「行政国家」への変化として論じてきた。それは資本主義発展がうみだした問題が、「公共的問題」として社会に認識された結果である。したがって、この政府職能の拡大に注目して、「夜警国家」から「職能国家」への変容と説明されている。一般的にいえば、政府は行政府の組織を拡大しつつ、問題解決にむかうための行動の指針を作成し実施していった。だが、こうした政府職能の拡大は、その是非をめぐる社会的規模での論争を引き起こしたばかりか、行動の指針としての政策の妥当性を問う議論も社会的規模で展開されることになる。

ところで、政府の行政活動が英語で **public administration**（公行政）と表現され、企業などの組織管理活動である **business administration**（私行政）と区分されるのと同様に、政府の行動の指針は **public policy** と表現されてきた。まさにそれは政府の使命（ミッション）が公共的問題の解決にあり、そのための活動の指針が「公共的」であることを前提とした名称であるといってよい。そして公共的問題の重要性が高まるにしたがって、政策は企業や民間団体のそれではなく、公共政策を意味するようになっていった。言い換えるならば、政策は政府の決定や活動を意味する記号ともなったのである。

●―公共政策の源流

政府が作成し実施する公共政策は、公共的関心のありようによって変化してきた。もともと「普遍的」な公共的関心など存在しない。公共政策の源流をどこにみいだすかは、「公共的」なるものの意味づけによって異なる。近代市民革命後の政府職能とされた外交・防衛・治安にかかる政策も、その段階における公共的関心がそこにおかれていたとみるかぎりにおいて、公共政策であったといってよい。

公共政策のなかに外交や防衛、国内治安政策などの国家の本源的活動についての政策がふくまれるのは事実だが、通常は公共政策の源流をそこにみることはない。経済発展がもたらした階級・階層間対立や都市問題の深刻化をまえにした、政府の公共的問題への介入に公共政策の源流をみるのが一般的である。

自由放任を基本とした市場競争にささえられた初期の産業資本主義は、たしかに国富を増大させた。だが、その一方において、劣悪な労働と貧困、スラムや伝染病、大気の汚染などに象徴される社会問題をうみだした。それは産業資本主義の初期段階にある国々に共通した事態だったが、時代的にもっとも早くかつきびしい社会問題となったのは、産業資本主義発展のリーダーであったイギリスにおいてである。とはいえ、こうした問題の深刻化が、自動的に政府の市場活動への介入をうながしたわけではない。

依然として社会経済問題は「神の見えざる手」によって解決されうると考える集団が存在した。だが、他方において、産業資本家たちのあいだからも、良質な労働力を確保するために、労働政策や都市政策の必要性が提起された。また、労働組合の結成が進むとともに都市社会主義の運動が起きる。一八三三年の工場法、一八四八年の公衆衛生法、一八九〇年の労働者住宅法などに象徴される一連の社会立法の制定は、まさに階級を超えた市場システムの改革運動の成果といってよい。こうした政府による市場システムへの介入を公共政策の源流とみるならば、公共政策なるものは一九世紀後半に政府活動の軸にくわれていったと考えられる。

●―福祉国家と公共政策の発展

こうして出発した公共政策が政府活動の基軸となるのは、第二次世界大戦後に資本主義国家が掲げた「福祉国家」(welfare state)の建設によってである。「福祉国家」なる言葉は、今日、政治の世界から姿を消しているようにみえるが、多くの国々がその建設を語った時代においても一義的定義が下されていたわけではない。ただし、その骨格をしめすならば、第一は、累進性の高い税制(直接税としての所得税制)の創設によって調達された財源をもとに数々の社会立法を制定して所得の再配分を強力に推し進めようとするものである。具体的には、所得保障、医療、住宅、学校教育などのひろい意味での社会保障システムを築くことである。第二は、政府の経済政策の中軸を景気調整機能におくことによって、経済と市民生活の安定をはかろうとするものである。

「福祉国家の建設」が主として西欧資本主義国家において掲げられた背景には、第二次大戦後の世界政治に大規模に登場したソ連邦を盟主とする社会主義国への対抗があった。今日、ソ連邦は消滅し東ヨーロッパの国々も政治・経済体制を変えている。依然として社会主義政党が政権党の座にある国においても、たとえば中国やヴェトナムにみるように、経済システムは市場経済を基軸とするものへと改革されている。だが、第二次大戦後における社会主義国の経済発展と生活水準の高さは、資本主義諸国側には「脅威」と映ったのであり、その対抗策が「福祉国家」の建設として進められていった。

ともあれ、福祉国家への道は「無数」といってもよい公共政策の作成とそれにもとづく政府事業の展開を必要とした。それは必然的に政府の規模を拡大した。具体的には、各種の公共政策の立案と実施をになういうる人材を必要とし、行政官僚制組織の成長をうながした。また、財政支出を拡張したばかりか、社会保障支出の拡張は「統制不可能支出」「裏口支出」(たとえば年金支出にみるように、インフレ率などの一定の社会経済条件や年齢を給付条件とすることによって政治による予算統制を不可能とすること)部分を拡大したのである。しかも、福祉国家は、相対的であれ「一国主義経済発展」を所与の条件としていたから、政府事業の拡張のために、豊かな税の自然増収にくわえて国債の発行による財源調達が進められた。

福祉国家の試みを別の側面からみると、市場経済システムの限界や歪みへの対応であったといってよい。

公共経済学は社会における財(サービスをふくむ)を、公共財(public goods)、準公共財(quasi-public goods)ないし混合財(mixed goods)、私有財(private goods)に分類する。公共財は市場経済システムからは供給できない国防、警察などを意味する。準公共財ないし混合財は、個人が排他的に所有したり消費できない財であり、市場システムを通じて供給することも可能だが、それのみでは的確に供給できないと思われる財やサービスである。たとえば、教育、道路、医療、住宅、年金などである。これらの財やサービスは、市場経済システムを通じた供給が可能であり、現に一部は供給されている。しかし、人びとの平等や社会の公平・公正といった価値を重視し人びとの生活権を保障するといった観点に立つとき、市場経済システムのみを通じた供給では不十分となる。私有財は個人が排他的に所有し消費する財である。土地や家屋がそのひとつの典型だろうが、これとて無原則な排他的使用が認められるとはかぎらない。

福祉国家の進展は、社会権や生活権といった新たな権利概念をうみだし発展させた。資本主義国家は市場経済システムを基本としつつも、こうした権利概念にもとづき準公共財ないし混合財の政府による供給の範囲を拡大したばかりか、私有財については土地利用規制にみるようにその排他的使用に制約をくわえた。

ところで、市場における自由な競争は富を増殖しつつも、大気汚染や河川や海洋の水質の汚濁に代表されるように、外部不経済といわれる環境へのマイナスの効果をうみだしていく。したがって、人びとの生活権を守ることが政府の「使命」であると考えるならば、準公共財の供給にくわえて外部不経済の内部化（企業の自己責任による対処）を、法的ルールとせねばならない。PPP（Polluter Pays Principle：汚染者負担原則）の法制化は、その代表例である。

こうして資本主義国家は、市場経済システムを基本としつつも、その「欠陥」を認めたうえで、政府による財やサービスの供給領域を拡大し、企業活動への規制を強めた。多くの先進資本主義国は、「黄金の時代」を経験したものの、他方で経済成長のマイナスの側面である公害や貧困問題を深刻化させていたから、政府の市場への介入と公的サービスの供給は社会的に正当なものとみなされていった。その結果、政府の作成し実施する公共政策もまた、一九六〇年代に「黄金の時代」を迎えたといってよい。

●―「政府の失敗」と新自由主義

ところが、繁栄を謳歌しているかのような資本主義国は、六〇年代末になると不安定な様相を濃くしていった。直接的契機は、アメリカがヴェトナム戦争の泥沼に陥り、インフレーションと失業の同時進行（スタグフレーション）、さらに国際収支の赤字という深刻な問題に当面したことによる。これらの問題症候群はトリレンマと表現されたが、アメリカが世界資本主義の「盟主」であっただけに、世界的に市場経済システムは不安定の度合いを加速させた。さらに一九七三年にはアラブの石油産出国が、主権への自覚にもとづいて世界的な石油資本（メジャー）の支配を脱するために原油企業の国有化を宣言し、原油生産量の統制を開始した。いわゆるオイルショックが生じ各国経済に衝撃をあたえる。資本主義国の経済は、これらの要因が複合し一九七〇年代には一段と深刻さの度合いを強めた。

こうして経済的循環が構造的な危機に陥ることによって、アメリカのみならず多くの先進資本主義国では、都市と農村との不均衡の拡大、階級・階層間の経済的格差の拡大、環境・公害問題の一層の深刻化、さらには都市部におけるインフラストラクチャーの貧困などの社会問題が高じていく。その一方で、世界的にみると先進経済国と発展途上国との経済・社会的格差が拡大した。

政府による市場経済のコントロールを強めながら順調に発展してきたかにみえた先進資本主義国は、まさにその存立が危ぶまれる構造的危機に当面した。こうした状況をうけて政府と市場の関係を見直すべきとする経済学的思潮が台頭した。それらはマネタリズム、合理的期待形成学派、サプライサイドの経済学といった多様な名称をとるものの、政府の市場への介入を極度に抑制し、市場による自由な富の配分機能をできうるかぎり高め、経済の再生をはかろうとする考え方である。つまり、福祉国家の建設は政府職能の拡張をもたらしたのであり、こうした「政府の失敗」が景気循環を構造的に危機に陥れているというものである。

先進経済国の経済・財政が混迷の度を深めているからこそうまれてきた経済学的潮流であるが、現実の政治はこうした考え方に与するようになる。一九七九年にはイギリスにサッチャー政権が誕生し、さらに八一年にはアメリカにレーガン政権がうまれる。これらの政権の政治スタンスは新自由主義といわれるが、電気通信事業、交通、上下水道などの政府公営部門の民営化をはかるとともに、経済活動についての政府規制を大幅に緩和した。したがって、市場における自由な競争を基軸としつつ、国の本源的機能である国防については強化された。つまりは、近代国家の成立時にみられた政府職能に回帰することこそ適正とするものであり、新自由主義といわれる所以である。

サッチャー政権やレーガン政権の登場からすでに四〇年の時間が経過している。これらの政権に象徴される自由主義は衰退するどころか、いまや世界的傾向となっているといってもよい状況にある。のちに詳しく論じるが、日本においても同様である。日本はアジア・太平洋戦争に敗北し、GHQ（連合国軍最高司令官総司令部）のもとで民主改革が進められた。その改革は何よりも日本国憲法に象徴される。生存権、生活権、社会権の保障を宣言した憲法だが、戦後日本の政治が「福祉国家の建設」を内政の基軸としてきたとはいえない。そして、サッチャー政権やレーガン政権と軌を一にした当時の中曽根康弘政権は、国鉄、電電公社、専売公社の民営化をはかるとともに、「民間活力」を重視した経済政策を推進した。そのような経済政策は今日では一段と大きな政治的潮流となっているといえよう。

●—ポスト福祉国家と公共政策

資本主義諸国は今日、かつてのような一国主義的な市場経済システムのもとで有効需要を創出し順調な発展をとげることができる状況にはない。経済の情報化、ソフト化といった言葉がしめすように、経済構造の変化とグローバル化は、製造業を中心とした一国主義的な経済発展時代にピリオドを打った。こうした状況をうけて新自由主義は、巨視的にみるかぎり政治や経済社会に一定の「定着」をみているといってよい。しかし、経済の情報化・ソフト化といっても、すべての労働者を雇用できないのは当然である。とりわけ、第二次産業就労者を中心とした失業者が増加したことが階層間格差の拡大を招き、政治を不安定にする。ヨーロッパ諸国にうまれているナショナリズム（ネオナチズム）を掲げた右翼政党の台頭は、その具体的なあらわれといってよい。これがどの程度の大きな政治潮流となるかはさだかでないが、市場経済のグローバル化とは逆に、国と国との緊張を高めていくこともありうる。

一九九〇年代以降、いずれの国でも政府公共部門や政府を基軸とした社会システムの見直しの動きが急速に進んだ。たとえば、新公共管理（ＮＰＭ）なる考え方のもとに政府部門の民営化を中心とした縮小が追求されている。また政府の業務遂行にも「市場化テスト」なる呼び声のもとに企業経営原則の導入が進められている。こうした動きにたいしては、先のナショナリズムの台頭とは別に、人間の生きる権利を保障するものかどうか、といった批判もうまれている。こうした動きのなかからは、パブリックな領域を市民の非営利活動を中心として再構築する動きも高まってきた。また、福祉国家は、否応なく政府の集権的構造をもたらしたが、福祉国家にピリオドが打たれることによって、よりローカルな価値を追求しようとするローカリズムの台頭とそれを基本とした政府構造の分権化の動きが生じてきた。ただし、ローカリズムに立つ地方分権化が、即、人間の生活権や社会権を拡充した政策の実現に結びつくかどうかは、簡単に結論のだせる問題ではない。

たしかに、準公共財の政府による供給には確定的（絶対的）な基準があるわけではない。政府によるサービスの供給範囲は、しょせん政治によって決定される。この意味で、人びとの機会の平等や社会の公平・公正といった価値をどのように考えるかがあらためて重要な論点とされねばならない。言い換えれば、新自由主義が「一般化」しているような状況のもとで政治的民主主義の質が問われているのである。

ところで、政府による準公共財ないし混合財の供給にのみ準拠するのではなく市民が自ら公共的問題の解決にむけて協働する動きも強まっている。近年隆盛するＮＰＯ・ＮＧＯの活動は、その具体的あらわれである。政府とりわけ行政機構による公共政策の作成と実施は、「職能国家」への道を拓いたが、同時に政府の民主的コントロールを形骸化させがちである。したがって、こうした活動への期待は大きい。この側面のみに注目するならば、社会は発展したといってよいだろう。ただし、ＮＰＯ・ＮＧＯの活動基盤はかならずしも強いものではない。ＮＰＯ・ＮＧＯと政府活動の調和をどのようにはかるかが、重要な課題なのである。

さらに今日では、公共財と準公共財の提供は、それぞれの国の内政問題にとどまらない。一九九〇年代初頭に米ソ冷戦体制が崩壊し、イデオロギー対立の陰に隠れていた諸国間の経済的・社会的格差が表にでてきた。発展途上国や旧社会主義国の人びとの経済的安定や生活権の保障が、世界政治の重要問題となった。また、フロンや炭酸ガスの排出、プラスティック廃棄物の海洋汚染、熱帯雨林の消滅などの環境問題が地球的規模で深刻化している。

その結果、国際的に公共財や準公共財をいかに提供するか、またいかに環境汚染にたいする規制を国際的にはかるかが重要な問題となっている。国際機関での協議と合意にもとづく多国間条約によって、こうした課題を解決しようとする動きが活発化している。しかし、条約の批准と履行はそれぞれの国の内政問題であり、国内の利益対立を調整することは、けっして容易でないのが実態である。

一方、国際的な公共財や準公共財の供給面においても、NGOの活動が活発化している。また、NGOは特定地域の経済的復興や地球環境問題を討議する国際会議に出席し、自らの見解や行動案をしめしている。しかし、このことは国際機関や各国政府とNGOとのあいだに協働関係をめぐる対立をうみだしがちである。両者の関係は、かならずしも調和的ではなく、その整序が今後とも大きな課題とされていくことであろう。

●――公共政策概念の拡大

これまで近代以降の公共政策の発展や変化をみてきた。とりわけ、注目したいのは「反福祉国家」

「政府の失敗」が強調された一九八〇年代以降の動きである。マネタリストやサプライサイドの経済学などの主張は、生活権を重視した市場経済のコントロールとは相反するものである。こうした潮流はいまや「一般化」しているといっても過言ではないのだが、はたして公共政策の「縮減」は、社会的平等や公正の確保にとって妥当な方向であるのか、あらためて議論される必要があろう。

ただし、新自由主義の隆盛を経験した今日、準公共財が政府によって一元的に供給されることが「進歩」であり、望ましいと考えられた時代から転換が進んでいることもみておかねばならない。「職能国家」の発展は、国民を行政サービスの客体とし、国民はサービスの量でもって政府の正当性を判断する傾向を強めたことも否めない。公共政策の決定にたいする国民の「参画」をいかに実現するか、現代民主主義のあり方が問われている。

さらに、国内のみならず国際的なＮＰＯ・ＮＧＯの隆盛をみるならば、公共政策の概念もより拡大して考えるべきであろう。依然として政府（国際機関をふくむ）の政策が公共政策の核心ではあるが、公共政策の作成と実施主体は、ＮＰＯ・ＮＧＯといった国内・国際的に活動する非営利活動団体にまでひろがっている。政府機関との関係について考えることが重要性を増していくであろう。

公共政策のあり方をめぐる議論は、今後ともそれぞれの時代状況を反映して多様に展開されていくであろう。だが、ここでひとまず公共政策の歴史的変遷にピリオドを打ち、次に政策といった概念をその構成要素にわたって考えてみよう。

② 公共政策の構成要素

目標・対象・手段のセット

いまや政府の政策だけを公共政策というべき時代ではないのだが、公共政策の中心的主体が政府であることも事実である。政府の公共政策は、社会の構成員の行動を権力的に方向づけるという意味で企業や民間団体の政策とは決定的に異なる影響力をもっている。

ところで、公共政策が特定の社会問題を解決するための決定であり行動の指針であるためには、第一に、問題状況をどのような方向に解決するのか（目標）が設定されていなくてはならない。目標設定の前提となるのは、政策の立案にかかわったアクターたちが、協議や調整を通じて問題状況をどのように認知するかである。アクターたちの価値観や情報量によって、問題状況の解決方向（目標）は、当然異なってくる。社会的にある問題の解決のために政府の政策を必要とするとの世論が生じても、アクターたちがそれにただちに応えるとはかぎらない。この認知のシステムとプロセスは、政策の作成ないし形成として、のちに論じることにしよう。

第二に、望ましいとされた状況（目標）を実現するためには、いかなる対象（ターゲット）にむけて行動するのかが設定されていなくてはならない。ターゲットをどこに設定するかによって目標の実現度合いや政策の社会的意味も異なってくる。ターゲットの設定もまた目標の設定と同様に、それにかかわるアクターたちの価値観や情報量によって左右される。ターゲットは通常のばあい複数設定されようが、どのターゲットをもっとも重視するかによって政策の社会的意味は大いに違ってこよう。たとえば、循環型社会を目指す一環として、食品や飲料の容器の回収を製造ないし販売者の義務とするか、最終消費者の責務とするかでは、責任と費用負担の所在、回収システムの設計をはじめとして大きな違いがうまれ、社会的に議論を呼び起こすであろう。

第三に、目標と対象にたいしていかなる手段を用意して行動するのかが明らかにされなくてはならない。

こうした三要素がセットにされていないならば、「政策」とはいえない。とりわけ、目標のみを掲げてあたかも「政策」であるというような言動が政治の世界にみられるが、それはたんなる「期待」の表明にすぎない。一方において、政策の実効性に深くかかわるのは、手段であるといってよい。設定された目標と対象がそれなりに明瞭であっても、手段の選択次第では目標の達成に程遠いこともありうる。さて、手段をきわめて大きく分類するならば、①政府が公権力を背景として個人や集団の特定の行動を禁止すること、②政府が公共財ないし準公共財をサービスとして直接提供すること、③一定の望ましい方向に個人や集団の行動を誘導すること、の三つをあげることができよう。

第一の権力的禁止は、今日の公共政策の手段としてはきわめて限定されている。とはいえ、一例をあげておくならば、一定の要件を満たさない麻薬（医薬品）や銃剣類の取引の禁止、あるいは政府による特定物質の専売にみることができよう。これらは見方によっては犯罪の抑制や一定の社会的秩序の維持にむけた誘導手段といえなくもないが、第三の誘導とは、権力行使の基準や手続きにおいて質的に異なっている。つまり、赤裸々な権力行使が基本前提とされている。

第二の公共財や準公共財の政府による直接的供給は、道路、港湾、学校、上下水道、公園、医療サービス、年金、住宅などに典型をみることができよう。これらは行政機関ないし政府出資法人によって供給されている。いずれにしてもひろい意味での政府部門による財の供給である。政府による準公共財の供給には一定の受益者負担がともなうのが通常である。公共政策における受益者負担の程度は、これまでにも論争を呼び起こしてきた。一般的にいえば、受益の普遍性や社会公平性が高いと認識された領域については、受益者負担の程度は低い。小中学校の義務教育あるいは上下水道などは、その代表例といってよいだろう。一方で、施設などの構造上、受益者を特定しうる（排他性が強い）ケースでは、国にもよるが、相応の受益者負担が課されてきた。一般道と高速道路の差異は、その代表例ともいえよう。いずれにしても、政府部門による公共財・準公共財の直接的提供は、歴史的に有力な政策手段である。ただし、先に述べた新自由主義の隆盛以降、準公共財の提供については、民営化が進んでいる。これについてはのちに論じることにする。

第三の誘導は、今日もっとも多用されている。一般的にいえば、まず施設や設備の構造上の基準、運営の基準、経営の基準などについて法的ルールが設定され、最終的には違反行為に制裁をくわえることが明示されながらも、ルールに適合するように多様な手段をインセンティブとして政策の対象（ターゲット）を誘導していく。

今日、多数にのぼる私立学校だが、それらは事業者の自由意思によって設置できるものではない。学校教育法をはじめとした各種の設置基準に適合していなくてはならない。大気汚染防止法や水質汚濁防止法は、汚染物質の排出を抑制するために、排出物質の基準と生産・浄化設備などの構造をさだめている。これに違反したばあいには罰則が科される。労働基準法も労働時間、賃金等の対価の支払い、事業所の保安条件などをさだめ、これらへの違反行為には操業の停止、事業者への刑事罰などの制裁をさだめている。

こうした権力的規制が事業者にたいして「適正」な行動をとらせる誘導手段となっていることは否定できない。だが、こうした権力的規制のみでは社会の安定を保つことはできない。政治・行政権力への「反感」をうみだすこともありうる。そこで、より柔軟に一定の政策目標の実現にむけた誘導手段が工夫される。

この意味での誘導のカテゴリーに属す手段は多様である。政府の補助、融資、租税特別措置（たとえば、製造設備についての減価償却率の割増や固定資産税の減免などの特例をもうけること）によって、個人や事業者の行動を一定の方向に誘導することは、多くの分野でもちいられている。大気汚染防止法や水質汚濁防止法は、たしかにきびしい基準と違反行為についての法的制裁をさだめているが、他方において租税特別措置をもちいて事業者に設備の整備をうながしている。私立学校についても学校法人としての税制上の優遇措置にくわえて、運営費交付をはじめとした各種の補助金がもうけられ、設備等の充実のみならず教育方針の誘導が行われている。個人や民間事業者による住宅建設についても税制上の優遇措置（減税）や政府系金融機関による融資制度がもちいられてきた。それらは「持ち家」の推進をはかるものだったが、近年の高齢化社会を反映して住宅のリフォームに対象を拡張している。二〇一一年三月一一日の原子力発電所の過酷事故以降、議論は混とんとしているが、原発立地自治体ならびに周辺自治体には、「パブリック・アクセプタンス」をうながす目的で、電源三法交付金が交付されてきた。

そして、こうした誘導手段としての規制と補助、融資、租税特別措置などは、多くのばあい目標を実現するために組み合わされている。さらにいうと、実は法的制裁としての規制（制裁）は、設定された状態にたいする違反行為がみいだされても、即時に行使されることはほとんどない。政策実施機関は違反状態を発見したとき、通常は改善勧告などの指導や助言を相手に行い、一定期間内における事業者の自己努力をもとめる。これは行政指導といわれる誘導手段である。

このように誘導は、政策実施の有力な手段とされている。深刻な社会経済危機を招いている新型コロナウイルス感染症対策も、日本は各種事業や人の移動の権力的な禁止ではなく誘導を主要な手段としている。二〇二〇年三月一三日に国会で成立した新型コロナウイルス対策特別措置法（新型インフルエンザ対策特別措置法の改正法）にもとづいて、政府は緊急事態宣言を発令するとともに、都道府県知事を通じて学校、各種の事業活動、大規模集会施設などの休業を要請した。あくまで法的には対象の自発的協力をもとめるものだが、その実効性を確保するために事業活動の持続化給付金や個人の所得保障として特定給付金を支給した。また自治体への交付金によって活動を支援している。

さて、このようにみてくると、公共政策の基本的要素が、目標・対象・手段からなりたっているといっても、手段は多岐に富んでおり、複数の手段の組み合わせとなっている。逆にいうならば、設定された目標の実現に「最適」な対象が選択され、各種の手段の組み合わせが処方されていかなくてはならない。もっとも、目標の設定自体が利用可能な手段に規定されているのも事実である。また、「最適」な対象が、実際には政策実施機関によって操作可能なものに限定されることもあろう。したがって、目標、対象、手段の関係について「完全解」といったものは、現実には存在しないといってよい。それだけに、政策立案の仕組みとその妥当性が政治の世界で大きな論争になるのだが、それはのちに考察する。ここで指摘しておきたいのは、今日の公共政策の実現手段が誘導を中核としていることである。

●—政策の構成要素と行政機関

政府の公共政策は、行政機関を主たる実施主体としている。ここでいう行政機関は中央政府の内閣に統轄された行政機関だけではない。のちに述べるが、中央政府の各省のもとには、独立行政法人さらに公益法人などが多数存在する。これらもまた中央政府各省の監督などをうけつつ公共政策の実施をになっている。また、自治体の行政機関は、中央政府の行政機関との多様な関係をもちつつ、公共政策の有力な実施機関となっている。先に、政策目標を実現する手段として誘導がその中心に位置していると述べたが、行政機関は手段の多様な組み合わせをもとにして、政策目標の実現にむけて活動している。そこで、政策の構成要素と行政機関の活動の観点からみていくことにしよう。

中央政府の行政機関は国家の本源的機能の遂行を原点として設置されたが、その後の社会経済的条件の変化に応じて増設されてきた。行政機関は法律をはじめとした公的ルールにもとづいて、所管する領域がさだめられている。とはいえ、それもまた一定の時代的制約をうけており、新しい問題事象がうまれ、その解決が社会的にもとめられるならば、いずれの行政機関が所管すべきかは、大きな政治的課題となる。

たとえば、近年急速に国際的な環境問題になっているプラスティック廃棄物について考えてみよう。プラスティック廃棄物の主たる内容は容器や包装物である。これらの総量を抑制するためには、リサイクル・リユーズ可能な物品への転換が必要である。廃棄物としての地中や海洋への投棄をいかに規制するかも重要となる。さらに、とりわけ海洋に投棄されたプラスティック廃棄物の食物連関——魚類の摂取による人体への影響も深刻となっている。日本における廃棄物行政の所管は環境省だが、これらの問題群に対応するためには、商品の製造・販売者の規制が必要となり、経済産業省の責任も生じる。また人体への健康被害の調査や被害の救済という観点に立てば、厚生労働省の活動がもとめられる。要するに、現代の問題事象の多くが、行政機関の分担管理を超えた共同した取り組みを必要としている。

したがって、政策目標とターゲットの設定にあたっては、問題解決のパースペクティブをどの程度の範囲とするかが問われる。それによって実施機関の選定も異なってくる。経済システムのあり方をひろく問題視するならば、複数の機関の共同した取り組みを必要とするだろうし、ある特定の問題事象に絞り込むならば、実施機関もひとつに特定することができる。ただし、そのことによって、社会や政治の安定がはかれるかどうかは、まったく別の問題である。

ところで、実施機関が政策目標の実現にむけて活動するためには、対象を操作するための権限が明確にされていなくてはならない。公共財や準公共財の提供権限や対象の行動を操作できる権限が、法的規範にもとづいて付与されていなくてはならない。しかし、権限のみが付与されていても、それを行使する基準と手続きが明確にされていなくてはならない。

たとえば、医薬品の有効性と安全性を確保し医療水準を向上させるために、厚生労働省医薬・生活衛生局には、医薬品の製造・販売の承認とその取消しの権限が、薬機法（医薬品、医療機器等の品質、有効性及び安全性の確保に関する法律）（二〇一四年一一月二五日施行）によって付与されている。しかし、医薬品とはそもそも何を意味するのか、医薬品の薬効とは何か、医薬品の製造施設とはいかなる条件をそなえていなくてはならないのか。こうした基準がさだめられていなければ、医薬品の製造・販売の承認権限を行使できない。さらに、民間事業者が新しい医薬品などの製造承認をもとめるさいの手続き、その後の行政機関による審査の手続き、さらに販売後の副作用などについての報告と審査の手続きが明示されていないならば、製造・販売の承認やその取消しを行うことはできない。

もちろん、こうした権限とその行使の基準・手続きは、旧薬事法令さらに薬機法令に規定されているが、そこにはなお、行政機関の解釈裁量が残る。政策の実施と行政機関・行政官の裁量行為についてはのちに考察するが、先にも述べたように、実施機関は内閣統轄の行政機関とはかぎらない。薬機法にもとづく医薬品などの有効性や安全性の審査は、その民間事業者の申請もふくめて、独立行政法人医薬品医療機器総合機構（ＰＭＤＡ）によってになわれている。厚労省医薬・生活衛生局は、ＰＭＤＡの審査結果をうけて製造承認などの許認可の権限を行使している。

ところで、公共政策が社会にひろく受容され正当性を保っていくためには、権限行使の基準や手続きが社会的に明示され透明度の高いものでなくてはならない。一九九四年に施行された行政手続法は、それまで行政機関の内部的規則であった審査機関や手続きなどの公開をさだめた。これらとならんで政策の実効性を確保するのは財源である。ここで財源というのは、補助や融資にもちいることのできる財のみを意味しているのではない。権限やその行使の基準・手続きがいかに細かくそなえられていても、それに充当できる人員を欠いていては「画に描いた餅」にすぎない。人員の確保もまた財源の重要な構成要素である。もちろん、人員のかぎりない充足は財の有限性のため不可能である。あるいはまた、人員が相当程度充足していてもモラル（職業倫理）とモラール（士気）が高度に保たれていなければ意味をなさない。そこで実施過程にさまざまな工夫がこらされるのだが、それについてはのちに述べることにしよう。ともあれ、政策の手段としての財源は、実施機関や権限とならぶ重要な構成要素なのである。

●―政策の規範の多様性と持続時間

公共政策は、人々の行動を操作し一定の目標を実現しようとするものである。したがってそれは、法律をはじめとした規範によってささえられていなくてはならない。とくに民主主義政治体制のもとでは、公共政策の規範の作成過程や作成手続きの正当性が問われることになる。

ところで、公共政策をささえている規範は分散的であり、そこに政策の全体像や内実を考えるさいの難しさがあるといってよい。たとえば、大気汚染防止政策の内容やそれがかかえている問題点を研究してみようとするとき、大気汚染防止法を読んだだけでは、その全体像を把握することはできない。大気汚染防止法の政令や省令はもとより、閣議決定、閣議了解事項、大臣等の国会における答弁、COP（国連気候変動枠組条約締結国会議）における政府の発言、COPの決定事項の国際条約や協定などが、総合的に考察されなくてはならない。さらに、大気汚染防止政策は、中央政府だけではなく自治体を舞台に展開されており、自治体の条例や規則、さらに中央、自治体をふくめた予算などのなかに、目標のみならず対象そして手段が形でしめされている。先にみた実施機関の権限や基準、その行使のための手続きも、いずれかひとつの規範に一元的にあらわれているわけではない。

このように、公共政策をささえている規範は、多様な形式をとって社会に公示される。つまり、あらためて規範をあげておくならば、法律、政令、省令、予算、計画、閣議決定、閣議了解、施政方針演説、条約・協定、条例・規則などである。これらは具体性の度合いを異にしているが、高いレベルの政策目標が同一であっても、経済社会の条件の変化に応じて具体的内容を時々刻々と変えられていく。見方を変えると公共政策の持続時間の問題である。

ところで、先にある特定の公共政策の全体像を把握するには、多様な形式をとっている規範の全体をみなくてはならないと述べた。ただし、その作業は容易でない。そこでひとつの「簡便」な方法は、特定の政策に関連する政府計画を研究の軸におくことである。「福祉国家」の建設が資本主義国のナショナルゴールとされるようになって以降、日本をふくめて多くの国々は各種の行政計画をさだめてきた。それらはそれぞれの領域における目標値と手段をさだめたガイドラインである。それは時々の状況において修正されるだけでなく、閣議決定などによってオーソライズされており、かなり高度の規範力をもっている。

たとえば、COPにおける合意と条約の締結をうけた気候変動適応計画がある。これをもとに演繹的にCO_2の削減をはじめとした環境政策の全体像を導きだすことができよう。同様に、エネルギー総合計画からは、どのような電源構成を基本として、対象を選定し実現手段をもちいているのか（もちいようとするのか）を把握することができよう。

以上のような政策の規範と持続時間を考えることには、もうひとつ重要な問題がふくまれている。いずれの政策も程度の差はあるにしても政治によって承認されたものである。したがって、実施機関はもとより政策の実施過程でそれに利益をみいだす集団をうみだし増加させていく。それらは客観的には政策を必要とした問題事象がかなりの程度解決にむかっていても、自らの既得の利益を守ろうとする。こうした状況が強まるならば、新たな問題事象に対応した政策の作成と実施を、政治的にも財政的にも制約することになる。したがって、政策の持続時間は政策の重要な構成要素であるが、同時にそれは政策のイノベーション＝スクラップ&ビルドのシステムの構築を政治のみならず学問上の課題としている。5章で述べる政策評価システムは、こうした課題のために必要とされている。

3 政策の作成と参加者

政策の企画と環境

公共政策がどのような参加者のもとで企画され決定されるのか、またそのシステムはどのようなものであるのかは、政策研究の重要な関心事である。しかし、社会状況が類似しているようにみえても、ある国にみられる特定政策が、他の国ではまったく存在しないか、ほとんど重要な地位をあたえられていないといった事態もみられる。同じ市場経済システムをとりつつも、独占禁止政策を重視している国もあれば、競争制限政策に多くの例外事項をもうけ、自由競争を推奨している国もある。発展途上国からの移民についても、非常に寛容な国もあれば、移民政策の基本にきびしい規制＝入国管理をおいている国もある。

政策の企画・作成には、特定の参加者が存在する。民主主義政治体制をとる国民国家であるといっても、政策作成の参加者はすべての国民ではない。参加者の範囲や参加者の属性、相互の関連性が問われるし、具体的参加の制度的仕組みが常に政治の議論の俎上にのぼる。こうした政策の形成と参加者については、いくつかの有力な学問上のモデルが提起されてきた。しかし、それらに先立ってみておきたいのは、それぞれの国の政治文化である。

きわめてマクロにみるならば、政策作成の参加者たちの行動やそれを秩序立てている制度には、固有の政治文化が投影されているといってよい。つまり、社会が民族や宗教、言語などにおいて比較的同質性が高いか否かは、政策の選択肢をめぐる争点の強弱に影響をあたえるだろう。また、宗教的信条のいかんによっては、機会の平等の保障をもって十分とするのか、結果の平等を保障すべきとするのか、論争を呼び起こす。これらは教育政策や社会保障政策のあり方をめぐって具体的争点とされよう。同じように、家族なるイエ共同体に高い価値をみいだすのか、それとも個人を重要視するかといった違いも、社会保障・社会福祉政策はもとより民法上の契約行為にかかわる政策に大きな違いをうみだす。

なかでも、人びとのあいだにある特定の社会的信条（イデオロギー）が共有されているかどうかは、政策の企画を考える空間の大きさを左右する。イデオロギーが高度に強く機能しているとき、政策の選択肢についての多元的論争は起こりにくい。別にこれはかつての社会主義国における社会的信条としてのイデオロギーのみを指しているのではない。憲法上、言論の自由も政治活動の自由も保障されながらも、特定のイデオロギーが社会を席巻する状況がうまれうる。市場における自由な競争こそが人間生活を豊かにし経済社会の発展をうながすとする新自由主義は、近年の代表例といってよいだろう。

しかし、政治文化を特徴づける伝統的価値やイデオロギーは、もともと普遍的ではない。科学・技術の発展にささえられた経済社会の発展がグローバルに進むことによって、伝統的に維持されてきた価値は相対化されていく。また権力からの自由そして権力への自由といった政治的価値の普遍化は、特定のイデオロギーによる支配を衰退させる。

ひろい意味では政治文化の違いが政策の作成に影響をおよぼしているといってよい。しかし、政治学や行政学との関連において公共政策を考えるとき、政治文化規定論に深入りするのは、かならずしも適切ではない。それは政策作成の参加者の行動に外形的に影響をあたえている程度と理解しておくべきだろう。政策作成をめぐる争点は、政治文化やイデオロギーを基底要因としつつも、具体的問題事象の解決策についての参加者相互の利益をめぐる対立であるといえよう。つまり、当初の解決策は、そのような対立のなかで数々の修正をくわえられ最終決定にいたるといってよい。

●―政策の作成とエリート

政策の作成は、マクロ的にみるならば以上のように概括できるのだが、ここで従来の公共政策をめぐる研究に触れておこう。政策の作成の中心的主体はだれかというミクロ的研究が一世を風靡した時代もある一方、社会に存在する諸力の合成であるとの考え方も有力な学説を構成した。

政策の作成が特定の権力エリートによって主導されているとする権力エリートモデルは、アメリカの政治社会学者であるF・ハンターの『誰が支配者か』やC・W・ミルズの『パワーエリート』に代表される。

　この権力エリートモデルは、次のように考える。一般に民主主義政治体制においては、すべての人々が政治に参加する権利を認められているが、全員参加の政策決定など虚構である。社会は少数のエリートと人口的に多数を占める中間層、そして所得や知識において最下層を構成する大衆からなる。中間層は社会における大きな階層であり富や知識において優れた水準にある。だが、そうであるからまた、階層内では利害の対立が激しく、ひとつの政治勢力とはなりえない。最下層はその社会的地位からいって物言わぬ大衆にすぎない。結局、社会は体制の維持を志向する少数のエリートたちによって支配されている。彼らは自らのもつ価値、イデオロギーにもとづき政策を作成し決定している。行政機関や行政官は彼らの決定を実行に移しているにすぎない。支配エリートは中間層や最下層から供給されるのではなく、経済社会的に富裕な階層から供給される。しかし、彼らはいわゆる独裁者ではない。彼らの社会的地位をささえている体制の価値――自由主義経済体制や自由民主主義体制――を維持しようとする。その意味では政治的自由や経済的自由は、社会システムとして保障されていく。また最下層の大衆へも便益が給付される。だが、その内容はあくまで支配的エリートによって決定される。

　たしかに、このモデルは政策作成や決定の一部分を照射している。だが、社会はそれほど静態的であるだろうか。また常に少数の支配的エリートなる集団の存在をみいだすことができるだろうか。政治的自由主義が保障されるかぎり、中間層の内部が利害対立によって多元的であるとしても、この集団も政治システムを通じて自らの利益の実現をはかるだろう。また最下層の大衆も受動的立場に常に甘んじているとはかぎらない。このように考えれば、権力エリートモデルは、ある特定集団内の意思決定の形態に適用できるとしても、政治の世界全体に適用するのは妥当ではないだろう。

●—多元主義モデルと参加者

権力エリートモデルの対極にあるのは、多元主義（pluralism）と総称されるものである。社会は一般に多数の集団から構成された多元的状況をしめしている。各集団は公共政策の形成に多かれ少なかれ影響力をもっている。人々は自らの利益を実現するために集団（利益集団）を組織し、大衆の支持を獲得しようとして運動を展開する。公共政策はこうした多元的な利益集団の利害を反映したものであり、また利益集団間のもつ力の合成である。たとえば、経営者集団は自由な市場競争にたいする制約を極力排除した政策の実現を目指す。他方で労働者はその経済的利益の実現にむけて行動する。両者の行動は大衆の支持を得ることによって政策となりうるが、そのばあいに経済政策、労働政策の双方ともに、主張する利益の完全な実現とはならず、それぞれの影響力を合成したものとなる。こうした状況は社会のさまざまな次元にみることができる。経済団体といっても、そのなかには各種の企業団体（業界団体）もあれば、農業者や水産業者の団体もある。そして、これらに対抗するように消費者団体や環境団体も形成され、その利益の実現をはかろうとする。つまり政策は、相互に関係する多数の集団間の力の合成として形成される。

しかし、こうした多元的利益集団間の対抗、調整（妥協）、合成として政策形成をみることは、マクロ的にすぎるともいえる。各種の利益集団が政治にたいして政策課題を発議しているのは事実だが、それが公共政策として作成され実施されるためには、政治によるオーソライズが不可欠である。そこで多元主義的立場に立ちつつ、もう少しミクロにみたものとして、いわゆる鉄の三角形（iron triangle）論がある。

これは、政治の世界においては個別の利益集団、それに組織権限から直接関連する行政省庁の部局、および利益集団の代理人として行動する政治家集団のあいだに、まさに鉄の三角形ともいうべき強固な相互連携関係が築かれていると考える。利益集団は他の二者との連携を強化することで公共政策の作成と維持を通じて利益を実現する。行政機関は利益集団を顧客とし政治家集団にささえられて組織利益を維持・増加させる。政治家集団は、他の二者から政治活動のリソースを得るとするものである。こうして政治の世界には無数の「鉄の三角形」がつくられ、相互の妥協と取引が展開されつつ公共政策が形成される。

もともとは厳格な三権分立体制のもとで立法権をもつアメリカ連邦議会の常任委員会、それも小委員会と利益集団、行政機関の関係をケースとしたものである。連邦議会内に形成された「鉄の三角形」は、他の「鉄の三角形」と取引しそれぞれの利益の立法化をはかってきた。そこでは都市部利益を代表する集団と農村部利益を代表する集団との取引は、なんら珍しいことではない。日本においても自民党の一党優位体制が続くことによって、いわゆる「族議員集団」と利益集団、行政官庁の部局とのリンケージが強化されてきたとされる。

ところで、こうした政策決定の権力核の多元性を背景として、漸増主義（incrementalism）とよばれる政策決定モデルがしめされてきた。C・E・リンドブロムやA・ウィルダフスキーなどのアメリカの政治学者によるものである。政策決定者は政策のすべての代替案をもっているわけではない。また、それを検討する時間と能力をそなえているわけでもない。さらには、そもそも急激な政策の変化を好まない。したがって、現実の政策は既存政策の存続か微修正となる。ウィルダフスキーは、予算政治について複数の行政機関を取り上げ漸増主義を「証明」している。複数の行政機関の所管する予算の総額には、もちろん差異がある。だが、対前年度増分率は行政機関のあいだでほぼ同率である。

リンドブロムやウィルダフスキーらは、こうした漸増（時代によっては漸減）主義には政治的合理性があるとする。なるほど、政策の作成に参加するアクターの情報量、時間、能力にかぎりがあるとき、一部で提起されてきた合理的政策作成モデルとシステムは、現実的対応能力を欠いていよう。また、各種の政治集団の「共存」は、政治的紛争を回避し、その意味で政策作成のコストを低く抑えることができる。このかぎりで政治的合理性を漸増主義にみいだすことができよう。ただし、漸増主義モデルを政策分析の道具としてもちいることを超えて、「政治的合理性」という価値をあたえそれを強調するならば、政策のイノベーションはきわめて限定されるばかりか、漸増ないし漸減といったパターン化されたものとなるであろう。

さて、これまで述べてきたように、マクロ的な多元主義モデルから一歩進んで「鉄の三角形」の存在を重視し、政策の作成過程を考察することの意義はけっして小さくない。政治過程に政策のアジェンダ

（議題）が「鉄の三角形」によって提起され、かつ集団間の取引によって特定の政策が作成される。あるいはまた、そうした相互の関係性を踏まえた漸増主義モデルは、政策作成過程の分析に役立つであろう。しかし、「鉄の三角形」が政策作成の有力なアクターであるとしても、政策の設計が「鉄の三角形」によっていると考えるならば、これまたマクロ的レベルにすぎるといえるだろう。政策の作成にかかわる制度的アクターの思考、能力や技術、情報量などをミクロに考える必要性が生じる。

●―制度的アクターの役割

新しい政策の発議や既存政策の修正発議は、「鉄の三角形」によるとはかぎらない。執政部（大統領や内閣）が政策転換の必要性と重要性を認識し、政策アジェンダを発議することもある。また最高裁判所が政策の修正を判決としてもとめることもある。政府の政策は政治による制度的決裁を得ないことにはスタートしない。この意味で、政治システムの制度的アクターの役割に注目しておく必要がある。内閣ないし大統領が代表する執政部が政策アジェンダをしめし政策の作成を指示しても、議会や行政機関にそのまま受容されるとはかぎらない。先の「鉄の三角形」が抵抗することもあるだろう。いずれにせよ、執政部の政治的代表性と正当性が適度に保たれているならば、発議された政策アジェンダが全面的に否定されることもないだろうが、修正をくわえられることはありえよう。逆に、議会内の集団から発議されたアジェンダが、執政部によって消極的に捉えられることもあるだろう。しかも、こうした関係は、たんに政治的影響力のレベルによって規定されるのではなく、執政部と議会あるいは両者の関係の構造的特徴に左右されるだろうし、それぞれがどのような協力者＝参加者を得たかによって違ってくるであろう。

執政部が具体的な政策の設計を補助機構である行政機関に指示しても、行政機関がそれに忠実に作業を進めるとはかぎらない。それは「鉄の三角形」の影響としてみることもできようが、それだけではなく行政機関の側には法令の解釈、動員できる技術、伝統的に培われてきた行動様式などに関する「独自の論理」が機能し、指示内容を翻訳していくこともありうる。行政機関は自らの組織的利益を守るために、顧客である「鉄の三角形」の同盟者に一定のダメージをくわえることもあるだろう。

ところで、この政策の発議や作成にかかわる制度的アクターは、それぞれの組織構成者のみによってアジェンダなどの検討を行っているわけではない。外部からの協力者＝参加者を得て作業が行われる。ただし、これらの参加者は能力、地位、権力、影響力などにおいて異なっている。しかも、彼らは問題解決に確信に満ちた解答をもっているわけではない。にもかかわらず、こうした参加者が募られるのは、制度的アクターが少しでも大衆の支持を得ようとするからである。したがって、どのような人物が集められ、どの程度の出席が確保され、また特定の参加者に特定の解決策について制度的アクターから説得が行われているかが重要となるのである。

M・コーエン、J・マーチ、J・オルセンらは、組織の特性を問題解決方向や利用できる技術の不鮮明性、流動的な参加者などに特徴づけられる「組織化された無秩序」（organized anarchy）にみたうえで、組織における意思決定は「さまざまな種類の問題や解決案が参加者によってうみだされなげこまれるゴミ箱（garbage can）の状況とその処理方法にかかっている」という。ゴミ箱のなかから解決策が選択されることもあれば、放置されることもあるし、別のゴミ箱に押しやられてしまうこともある。解決策の選択＝意思決定がなされるのは、ゴミ箱への社会的関心が高いとともに、ある行動に固執する強力な参加者が存在しているときである。このようにみるならば、ゴミ箱の産出物は漸増ないし漸減といったパターン化されたものにかぎらない。

なるほど、日本の執政部＝内閣レベルを取り上げても、これまでさまざまな主題について外部の参加者を得て問題の解決策が検討されてきた。電気通信事業の民営化、中央行政機構の再編成、郵政事業の民営化、金融システムの改革のようにである。そこではさまざまな解決策が交錯し、まさにゴミ箱のような観を呈した。そのなかから解決策が選択されたこともあれば、先送りされたものもある。審議会や有識者会議といった組織がもうけられ、多様な参加者のもとで問題が検討され解決策がうみだされてきた。

この意味で、コーエンやマーチらのゴミ箱モデルは、執政部や行政機関における政策の作成の分析に重要な示唆をあたえるものといえよう。だが、それは個々の組織における政策決定の意思決定の動態を分析するうえで重要であるが、その結論＝政策案の選択がそのまま政治の決裁をうけるとはかぎらない。他の政治・行政機関との制度的関係やそれぞれの組織のもつ行動様式などによって、選択された解決策が修正されていくこともある。したがって、ゴミ箱モデルの示唆するところに留意しつつも、制度的アクターが織りなしている行動と、その促進ないし制約条件に注目していくことが必要となる。

4 政策作成と実施の関係

政策実施についての二つのアプローチ

これまで政策の作成・決定における参加者に視点をおきつつ、政策作成についてさまざまな見方があることを述べてきた。もちろん、政策作成のモデルはこれらにつきるものではない。政策の作成がどのようになされるか、どのようになされるべきかに関連するシステム分析などについては、いっさい触れてこなかった。それらを紹介することは、次章以降で論じる日本の公共政策の実際にとって、議論を拡散させてしまうからである。

さて一般に、作成された政策はそのまま実施に移されると考えられがちである。ここで、政策の作成と政策の実施（implementation）は、はたして概念的にも実際にも分離できるものであろうか。少なくとも、一九六〇年代から七〇年代初期においては、政治学や行政学は、これらを別個のものとして捉えてきた。というよりはむしろ、両者の関係について学問的検討をくわえようとしなかった。

こうした学問的状況に重要な問題を提起したのは、一九七三年に刊行されたJ・プレスマンとA・ウィルダフスキーによる『実施』だった。一九六〇年代のアメリカは、ヴェトナム戦争の泥沼化とともに、国内では反戦運動や人種差別撤廃運動が起き、「豊かさのなかの貧困問題」があらためてクローズアップされた。当時のジョンソン民主党政権はヴェトナム戦争の遂行のためにも、国内社会の安定をはかる必要があった。政権は「偉大な社会の建設」「体制内の変革」「貧困との戦争」を掲げて、州・地方政府をバイパスし住民参加を基本とした住民機関をもうけ、教育や福祉にかかる連邦補助プログラムを実施した。しかし、それらは所期の成果をあげたとはいえなかった。

プレスマンとウィルダフスキーの『実施』が、「ワシントンの大きな期待がオークランドでどのように打ち砕かれたのか、はたまた連邦プログラムが首尾よくいくことがどうして驚きなのか」を副題としていたように、彼らは「政策の失敗」要因の研究に着手することによって、政策決定と政策実施の関連性の研究に先鞭をつけた。彼らはオークランド市での連邦雇用促進事業の分析を行うことで、連邦政府レベルでの政策決定と実施機関の目的の捉え方や実施方法、取り巻く環境などの認識に大きなギャップがあることを明らかにした。また、これはアメリカの連邦システムという制度的要因に左右されているだろうが、決定から実施にいたる過程には、多くの組織が連結しており、組織のあいだの連係や協力のあり方によって、小さな認識ギャップが大きな実施のさいの欠陥につながってしまうとも指摘した。

彼らの研究は、決定された政策が「自動的」に実施され所期の目標を達成するものでないことを実証的に明らかにした点においてまさにパイオニアワークであった。だが、プレスマンとウィルダフスキーが、「実施」は「政策」を目的語とせねばならないと語っていたように、高次の政府で決定された政策を出発点としていたこともあり、彼らの研究方法は、のちに「トップダウン・アプローチ」とよばれることになる。ともあれ、彼らの研究を機として政策実施にかかる実施上の組織や部門間の関係性についての研究がうみだされていった。その一方で、「完全なる実施」の条件をみいだそうとする研究をうながした。

ところで、決定された政策が実施にいたる過程とその条件を研究しようとする「トップダウン・アプローチ」にたいして、実施行為者がもっている規範や相手との関係についての行動を重視する研究もうまれた。多くの研究者がそのパイオニアとしているのは、M・リプスキーの『ストリートレベルの官僚制——公共サービスにおける職員のディレンマ』(一九八〇年)である。リプスキーによれば、教師、警察官、福祉ケースワーカーらは、実際の政策実施にあたって大きな裁量権限をもっており、単純な事務職員ではない。相手との関係性のなかで、一方において自らの制度的位置にディレンマを感じつつも、便益をあたえ逆に制約をくわえている。相手からみればストリートレベルの官僚(第一線の職員)は、政策の形成者であり決定者である。こうした研究は「ボトムアップ・アプローチ」と名づけられた。

以上、政策の作成と実施について「トップダウン・アプローチ」と「ボトムアップ・アプローチ」という二つの考え方をみてきた。だが、この両者を対立的に捉える必要はないだろう。政策の作成・決定と政策の実施が概念的に区分できないことを両者ともに教えている。そしてまた、「トップダウン・アプローチ」も、中央（連邦）から地方さらに住民による準政府にいたる政府体系の頂点において「完全な形にパッケージ」された政策など、ありえないことをしめしている。二つの視点をつなぐためにも、政策体系について考えておくことが大切であろう。

●—政策体系における作成と実施

先に政策の構成要素について述べた。そして、政策が目標と対象そして手段のセットだとした。実は、政策の作成・決定と政策の実施との関連が示唆しているように、政策の設計においてこれらすべてが整えられているとはいえない。政策の作成・決定と政策の実施は、いずれの政策領域においても不可分の関係にある。このことは政策体系という視点に立つと理解が容易であろう。

たとえば、すでに二〇年余にわたって地球温暖化の防止のための温室効果ガスの削減が国際的課題となり、各国政府はCO_2などの削減に取り組んでいる。このCO_2削減政策を取り上げてみよう。まず高次の政策目標としてCO_2の削減総量が設定されよう。この目標を実現するために働きかけるべき対象と手段は、けっしてひとつではない。広範な排出ガス源を対象とし、対象にそくした手段の設定が考えられる。そこで、有力な対象として工場の排出源の規制が設定されたとする。これを有効とするために、工場の排出装置の改善が手段とされたとする。だが、この改善をうながすために改善のための政府補助や融資、租税特別措置が手段として設定されよう。同様に、自動車の排出ガス規制が対象とされ、その手段が多数設定されよう。また、CO_2の総量規制のためにエネルギー源の転換をうながすことが

図1　政策体系

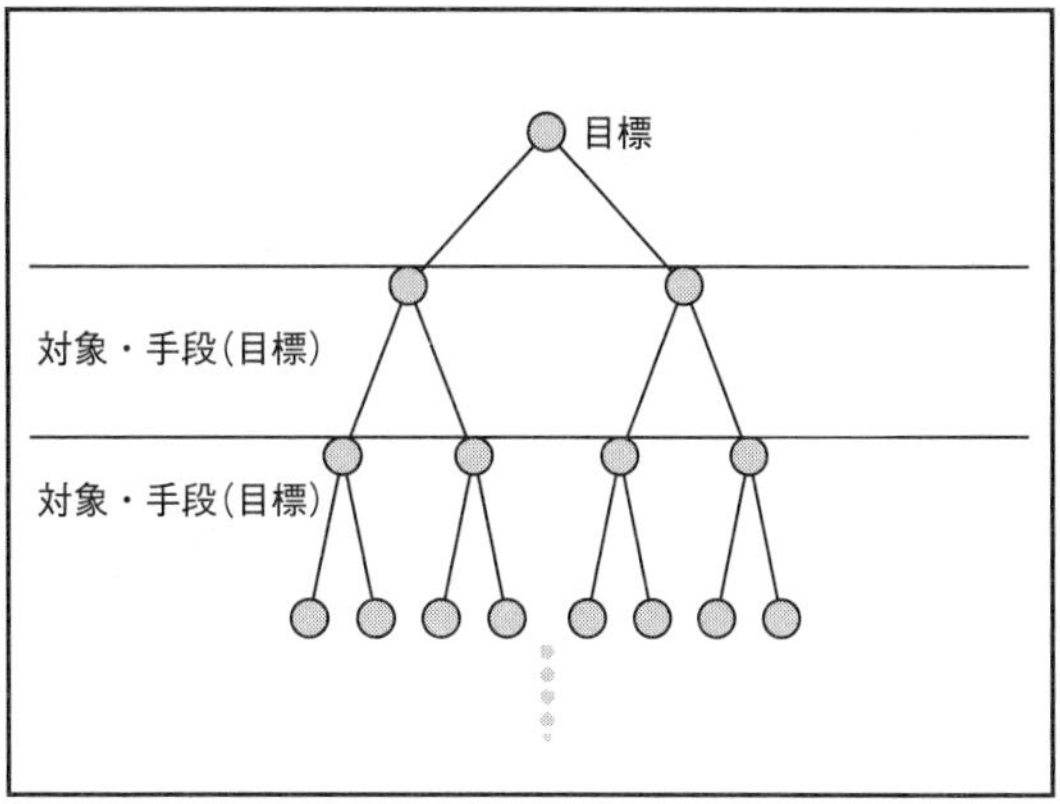

重要となるが、その対象と手段も複数におよぶ。

このように考えると、政策というのは目標・対象・手段がツリー状に連鎖し、裾野をひろげていくことを構造上の特徴としているといえよう（図1）。つまり、高いレベルの目標からみれば、次の段階は対象であり手段だが、それはその下の段階からみれば目標であり、さらにそれを実現するための対象・手段が設定されよう。

こうした政策の構造を政策体系とよべば、このツリー状の連鎖は、目標と対象・手段が転位しながらつながっていることになる。しかし、政策体系ははじめからつくられているわけではない。政治が政策体系を決裁し行政官がそれを実施するといった政治・行政二元論は実際にはありえない。政治が決裁するのはかなり高次の政策であって、その実施過程においてより具体的かつ詳細な目標・対象・手段が順次作成され実施されていくのである。したがって、政策体系に着目するならば、政策の作成と実施は同時進行的作業であるといってよい。

この過程では、高次の目標設定時の利害対立が投影されることもあろう。また、より具体化された目標や手段の設定が新たな利害紛争をうみだすこともあろう。あるいはそれらをになう実施機関の組織構造や行為規範、取得している情報量などが作業に影響をおよぼすこともある。『ストリートレベルの官僚制』が明らかにした第一線職員の裁量的行動にいたるまで、政策内容は確定をみていないともいえるのである。その第一線の職員の行動も、けっして画一的ではなく職員間に差異がある。こうなれば、ある特定の政策のもたらすサービスや規制は、かなりミクロに分析してみる必要がある。

要するに、政策の作成と政策の実施が以上のように密接不可分であるという視点に立つならば、政策体系のどのレベルの態様を分析するのかを、まえもって明らかにしておくことが大切になろう。高次の政策の作成や実施機関がそれを職務としてどのように認識し具体化したのかを分析することに意味がないわけではない。また、実施機関がハイラーキカルな関係にあるとき、実施機関間の関係をみることも重要である。つまり、第一線職員の行動や所属機関のそれが政策の産出物（アウトプット）に差異をもたらしているとしても、彼らの行動は政策体系を構成する諸要素に拘束されているのである。複眼的な視点をもって政策なるものを考察することが必要とされているのである。

●—融合・集権的な政府間関係

日本の中央政府と自治体の関係は、一般に高度に融合的でありかつ集権的であるとされてきた。中央政府レベルのみを考えても、政策の作成と政策の実施は分離できるものではないが、中央政府が作成した政策の実施には自治体という地方政府が深く介在している。政府間の関係が歴史的に融合・集権的であることによって、政策の実施過程は自治体の判断や組織構造によって規定されていく。プレスマンやウィルダフスキーの研究と同じように実施の欠陥があらわれることもあるが、それ以上に両者は政策の作成と実施の連鎖をつくり、政策内容の具体像をつくりあげているといえよう。また、中央政府が「新たな政策」として打ちだす政策であっても、そのアイディアがいずれかの自治体によってうみだされ、政策として「実験」されたものであることも少なくない。さらには、中央政府と自治体のあいだには政策領域別に一種のコミュニティがつくられ、そこで政策の目標や手段のアイディアが練られることもある。

これまで、公共政策の歴史的変遷や政策の構成要素、政策作成の参加者、政策の作成と実施の概念的関係について述べてきたが、このいずれの側面についても日本の公共政策は自治体を重要なアクターとしている。中央政府レベルの政治と行政機関とそこに登場するアクターだけでは、日本の公共政策の全体像をつかまえることはできないのである。これらの点に留意しながら、日本の公共政策について考えていくことにしよう。

2章

公共政策作成の条件

1 政策準備の環境——政権主導と財源

一党優位政党制と日本型政治システム

政治が公共政策を作成し取り組むべき経済社会の問題事象は、日々発生しているだけでなく複雑化している。実際、大規模な自然災害の度重なる発生は、人々の生活を破壊する。自然現象をコントロールできないにせよ、それにそなえて被害を抑制し、被災者の生活再建を迅速かつ有効なものとして実施する政策・事業を整えておかなくてはならない。同じく、「子どもの貧困」「子どもの虐待」が、深刻な社会病理とされる。その要因を追究し問題状況を見極め解決のための政策が準備されなくてはならない。

これらはほんの一例にすぎないが、公共政策の決定自体が政治であるから、解決すべき問題事象についての認識、政策目標の設定、そのための手段の選定は、政治党派間の争いから自由ではありえない。市民運動や社会運動による問題提起、マスコミの調査報道、それらをうけた政党間の議論が、国会をはじめとした政治の舞台で展開されることは、民主政治の成熟を意味している。そのためには、政策の準備や開発という行動がどのような環境条件のなかで行われているのか、また現代日本の状況にはどのような特徴があるのかを認識しておくことが大切となる。

戦後、現行憲法体制のもとで言論・集会の自由、結社の自由などがひろく保障された。国民主権にもとづく男女平等選挙権を基本とする最初の国政選挙には、まさに「雨後の筍」のごとく多数の政党が乱立した。アジア・太平洋戦争の敗戦、GHQによる占領時代をへて日本の政党システムに一定の安定がみられるようになるのは、一九五五年の「保守合同」によってである。同年の一一月、乱立していた保守政党は自由民主党として合同した。一方において、これに先立って、サンフランシスコ平和条約の締結をめぐって分裂していた左右社会党が統一を果たした。自由民主党の誕生は、ソ連を盟主とする社会主義陣営に親和的な社会党に対抗するものでもあった。自由民主党・社会党の対抗関係は「二大政党制」の誕生ともいわれたが、国会における議席状況からいえば「一と二分の一」政党制といってよい。

一九六〇年代に入ると、この二大政党と戦前期から続く日本共産党にくわえて、社会党から分裂した議員集団による民主社会党（のちに民社党）の結成、宗教団体である創価学会を母体とした公明党の誕生といった事態が続いた。だが自民党は、一九五五年の結党から一九九三年まで政権党の座を維持してきた。イタリアの政治学者であるG・サルトーリは、世界各国の政党制を分析し、日本の政党制を「一党優位政党制」と名づけ特異な政党制であるとした。これは憲法にもとづき政党の結社と活動の自由が高度に保障され、現に複数の政党が存在しているが、特定の一政党が安定的に権力を有し、他の政党の追随を許さない優位状況にある政党制を意味した。

ところで、一党優位状況を続けてきた自民党の政治は、「お供物・ご利益」政治ともいわれた。政権党であるゆえに自民党にはさまざまな利益実現の要求が入り込む。自民党は諸集団から票と政治資金を得ながら彼らの要求に応えていく。つまりは、票と政治資金を供することで権力によって相応の利益が還元される。これは「日本型政治システム」ともいわれたが、当時の衆議院議員選挙制度の影響も大きい。この選挙制度では一選挙区の議員定数は複数（当初原則は三から五、最終局面では二から六）であり、自民党は党中央ではなく党内派閥が事実上仕切った候補者を立て議席を得ていった。自民党が派閥の連合体といわれた所以である。そして、派閥のボスの政治的信条を反映し、党内には国家主義を信奉する集団からリベラルな政治指向をもつ集団まで多様であった。そして、そのような政治信条での違いとは別に、党内には特定の利益の実現に奔走する「族議員集団」がうみだされていったのである。

こうした「お供物・ご利益」政治ないし「日本型政治システム」は、実は日本の官僚機構にささえられたものであった。政権党である自民党は官僚機構にたいして諸集団の利益実現のための政策の作成を指示するとともに、官僚機構の側も政権党の指向を慮り自らの権限・財源などのリソースの拡張を追求することになる。

これは一見すると政策発議が多元的主体によってになわれているかの様相を示しているが、政権党・官僚機構・利益集団間の関係が不透明であるならば、「日本型政治システム」は、政治腐敗の温床となる。実際、一九八〇年代末から九〇年代初頭にかけて、リクルート事件、佐川急便事件、金丸信・自民党副総裁による巨額脱税事件、ゼネコンスキャンダルといった大きな政治腐敗事件が相次いだ。

●―政治改革と政党政治の変化

こうした政治スキャンダルの噴出をうけて政治改革が一大政治アジェンダ（議題）とされた。一九九三年七月の衆議院議員総選挙で自民党は第一党の地位は守ったものの過半数割れを起こし政権の座から転落した。替わって細川護熙を首班とした七党一会派からなる連立政権が誕生した。この内閣は「政治改革内閣」ともいわれた。具体的な政治改革についての政治過程は省略するが、細川政権のもとで成立した「政治改革」は、①衆議院議員選挙制度を小選挙区比例代表並立型にあらためる、②政党助成法をさだめ一定の要件を満たした政党に公的資金による助成を行う、③政治資金規正法を改正し規制を強化する、の三点である。

政治資金規正法の改正には、依然として「抜け道」だらけとの評があるが、衆議院選挙制度の「改革」と政党助成法は政党のあり方に大きな変化を迫るものだった。議員定数が一人の小選挙区を中心とする選挙制度（発足当初は小選挙区定数三〇〇、比例代表定数二〇〇）は、「政党間競争を促す」、「政策本位の選挙となる」とPRされた。政党助成法は政党の活動を公的資金（税）で助成することで政治資金の透明化に寄与すると説明された。

なるほど、これらの議論に一理ないわけではない。ただし、政治がそのような論理に忠実に動くこともない。小選挙区中心の選挙は、極端にいえば得票率五一対四九で勝敗がきまる。それゆえ、多くの

「死票」がうまれ政治過程に表出されるべき利害を制約することになる。それだけではない。政党公認の立候補者の決定権は、政党中央に集中することになる。政党助成法は国民一人あたり年間二五〇円の国庫金を政党の議席数に応じて各党に配分するもの（共産党は制度創設時から受け取っていない）である。自民党のみならず各政党は、この資金の一部を各選挙区支部（支部長は現職議員ないし立候補予定者）に配分している。つまり、これらの改革によって政党中央は、公認権と政治資金の両面において、強大な権力を握ることになった。

小選挙区中心の衆議院議員総選挙がはじめて実施されたのは一九九六年一〇月だが、こうした政党の組織の変容は、選挙の回を追うごとに強まっていったのである。二〇一二年一二月から現代日本政治では異例の長期政権となっている安倍晋三政権は、こうした政党の組織変容に負うところが大きいといってよい。

●—政権主導にむけた改革

選挙制度の改革に代表される政治改革の次に大きな政治アジェンダとされたのは、政権主導ないし政治主導の確立であった。つまり、先のような政治スキャンダルの発生は、政権党内の個別利益と結びついた「族議員集団」が闊歩しているゆえであり、本来、執政部である内閣＝政権が、族議員集団と官僚機構を統制できていないからだとみなされた。小選挙区・比例代表並立型衆院総選挙後の一九九六年一一月、当時の橋本龍太郎首相は、自ら会長となって行政改革会議を設置した。行政改革会議は対外的には二一世紀に相応しい中央省庁体制の構築と官業の大規模なアウトソーシングを目標に掲げていた。この行政改革会議の最終報告（一九九七年一二月）にもとづき二〇〇一年四月から大規模な省庁の再編成が行われるとともに、官業のアウトソーシングとして独立行政法人制度がスタートした。けれども、行政改革会議をもうけた橋本首相の第一の狙いは、政権主導体制の構築にあったといってよい。

行政改革会議の最終報告は、政権主導のために①首相の閣議での提案権の法制化、②内閣官房の組織と権限の強化、③内閣府の創設、を提起した。これらはいずれも二〇〇一年の行政改革で実現をみている。第一の首相の閣議における提案権がそれまで法制化されていなかったことはある意味で「驚き」であろう。内閣法第四条第二項は、従来「閣議は、内閣総理大臣がこれを主宰する」としていた。これに続けて「この場合において、内閣総理大臣は、内閣の重要政策に関する基本的な方針その他の案件を発議することができる」との条文がくわえられた。自民党一党優位時代に首相の権力が「絶大」であるかのようなマスコミの報道が目立ったが、それは首相の法的権限というよりは、政権党内における権力構造にささえられていた。首相は自民党内最大派閥ないしその支援をうけた派閥の領袖が占めてきた。だが、一九九三年以降、日本は連立政権の時代に入った。実際、橋本政権は自民、社民、新党さきがけの連立政権だったが、橋本首相は派閥の領袖ではなかった。しかも連立政権であるから、当然、政権与党間の調整をになっていかねばならない。あらためて首相権限の脆弱性があらわになり内閣の長としての法的地位を確立する必要があった。

第二、第三点の内閣官房の機能強化および内閣府の新設は、いずれも首相による政治主導の強化を目的とするものだが、とくに内閣府は首相の政策スタッフ機関としてもうけられたものである。それゆえに、組織の柔軟な編成を可能とするために内閣府は、中央行政組織編制の基準法である国家行政組織法の対象外の組織とされた。設置当初の内閣府において多くの注目を浴びたのは、首相をはじめ関係閣僚にくわえて民間議員を入れた四つの諮問会議であった。とりわけ、経済財政諮問会議は、経済政策の基本と年次予算政策の骨格について首相のスタッフ機関としてきわめて大きな影響力を発揮した。これにより、財務（大蔵）官僚によって主導されてきた予算政策の決定は、政権主導へと変容したといってよい。

●─内閣人事局と官僚機構

こうした政権主導のための装置が実際にどのように機能しているかは、のちにまた述べることにしよう。政権主導と公共政策の作成・決定という観点に立つとき、二〇一二年一二月に成立した第二次安倍政権以降の動きである。それ以前、二〇〇九年に本格的な政権交代によって誕生した民主党政権は、「官から政へ」を掲げて、より強固な政権主導政治を試みた。だが、二〇一一年三月一一日の東日本大震災の発災・未曽有の原子力発電所の過酷事故という大災害に見舞われたとはいえ、政治・行政運営を的確に指導できなかった。

政権に復帰した安倍晋三を首班とした自民党政権は、以上に述べた内閣官房・内閣府の組織の拡大を指向した。図2、図3にみるように、現在の内閣官房・内閣府は、霞が関省庁体制の縮図のような組織

図2　内閣官房の組織図（2020年3月31日現在）

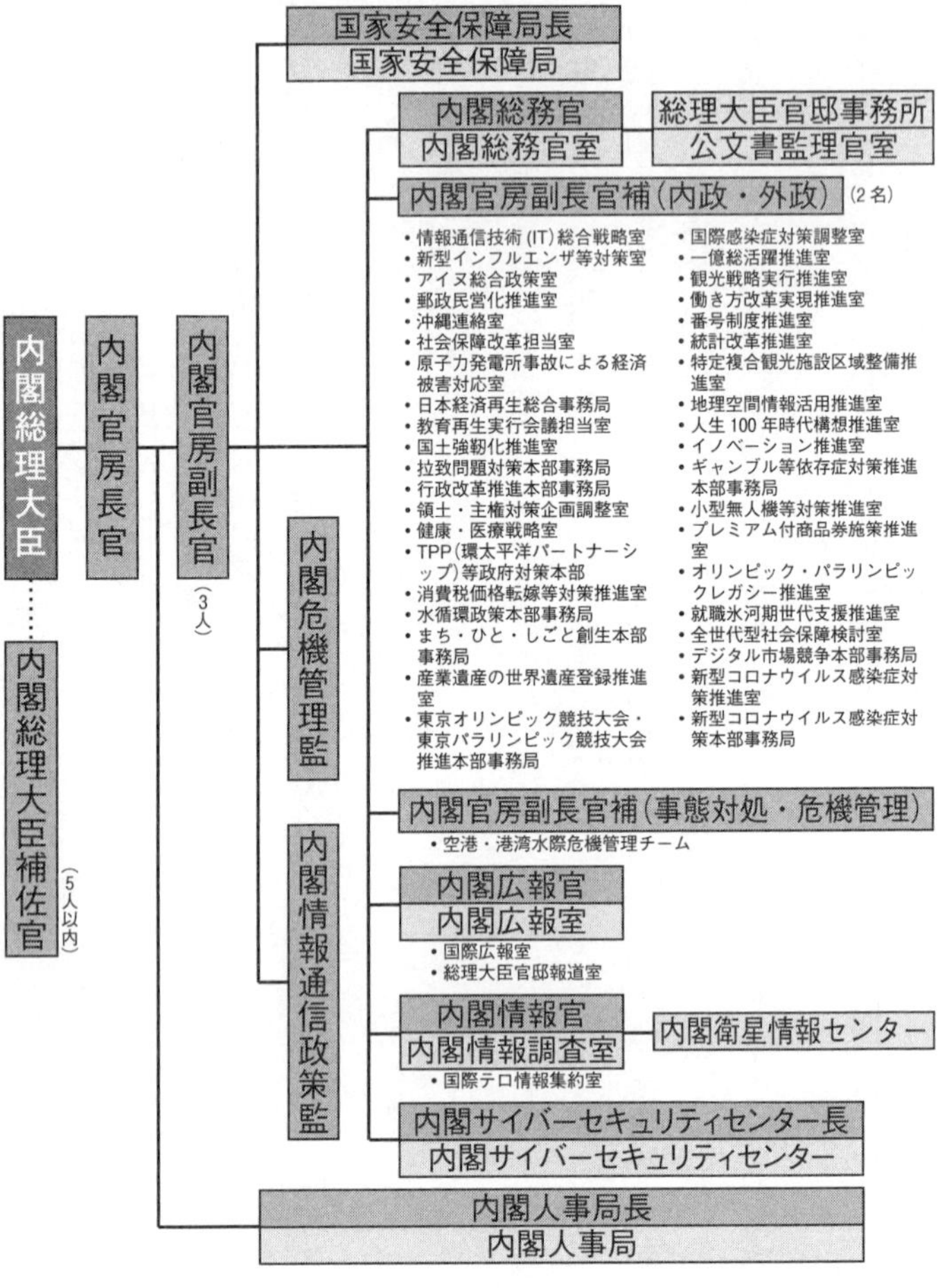
内閣総理大臣
内閣総理大臣補佐官
（5人以内）
内閣官房長官
内閣官房副長官
（3人）
国家安全保障局長
国家安全保障局
内閣総務官
内閣総務官室
総理大臣官邸事務所
公文書監理官室
内閣官房副長官補（内政・外政）
（2名）
・情報通信技術（IT）総合戦略室
・新型インフルエンザ等対策室
・アイヌ総合政策室
・郵政民営化推進室
・沖縄連絡室
・社会保障改革担当室
・原子力発電所事故による経済被害対応室
・日本経済再生総合事務局
・教育再生実行会議担当室
・国土強靱化推進室
・拉致問題対策本部事務局
・行政改革推進本部事務局
・領土・主権対策企画調整室
・健康・医療戦略室
・TPP（環太平洋パートナーシップ）等政府対策本部
・消費税価格転嫁等対策推進室
・水循環政策本部事務局
・まち・ひと・しごと創生本部事務局
・産業遺産の世界遺産登録推進室
・東京オリンピック競技大会・東京パラリンピック競技大会推進本部事務局
・国際感染症対策調整室
・一億総活躍推進室
・観光戦略実行推進室
・働き方改革実現推進室
・番号制度推進室
・統計改革推進室
・特定複合観光施設区域整備推進室
・地理空間情報活用推進室
・人生100年時代構想推進室
・イノベーション推進室
・ギャンブル等依存症対策推進本部事務局
・小型無人機等対策推進室
・プレミアム付商品券施策推進室
・オリンピック・パラリンピックレガシー推進室
・就職氷河期世代支援推進室
・全世代型社会保障検討室
・デジタル市場競争本部事務局
・新型コロナウイルス感染症対策推進室
・新型コロナウイルス感染症対策本部事務局
内閣危機管理監
内閣情報通信政策監
内閣官房副長官補（事態対処・危機管理）
・空港・港湾水際危機管理チーム
内閣広報官
内閣広報室
・国際広報室
・総理大臣官邸報道室
内閣情報官
内閣情報調査室
・国際テロ情報集約室
内閣衛星情報センター
内閣サイバーセキュリティセンター長
内閣サイバーセキュリティセンター
内閣人事局長
内閣人事局

となっている。少なくとも政権の指向する政策の基本方向を各省に指示する組織体制となっている。

くわえて、安倍政権は二〇一四年に公務員制度改革基本法にもとづく国家公務員法の「改正」を果たし、内閣官房に内閣人事局を設置した。内閣人事局長は複数の内閣官房副長官のなかから補職される。そして、審議官（局次長）級以上の幹部公務員約六〇〇名余の人事を一元管理する権限をもつ。従来、各省における幹部人事は「官庁の自治」ともいわれ、伝統的に各省の昇進ルールをもとにしてきた。局長や次官人事については閣議の承認を必要としていたが、内閣が拒否することはなかったといってよい。しかし、各省幹部の人事掌握にくわえて内閣人事局は、内閣官房・内閣府の人事権を掌握している。その結果、政権は「首相の官僚制」といってよい組織を築くとともに、各省の官僚——幹部のみならずその候補生をふくめて——にたいするパワーを強化している。

日本の官僚機構は分担管理を基本としており、それが割拠的省庁体制あるいはセクショナリズムとして批判されてきた。アジア・太平洋戦争敗戦後の戦後復興さらに一九五〇年代後半からの高度経済成長の過程において、官僚機構は「天皇の官吏」であった時代の影を引き継ぎ「政治的に中立」な存在とみなされた。そして政策の発議・開発の主体として行動した。もちろんそれは、民主政治のもとで本来、政策の発議を競い合うべき政党政治の未成熟の結果でもある。政権与党はもとより野党も、背後の集団の利益を官僚機構に伝達しその実現をはかることをもって政策の発議と認識（誤解）していた。こうした政治の認識と行動は、ますます官僚制の政策発議についての影響力を強めただけではない。省庁の割拠主義（セクショナリズム）をも昂進していった。そして、各省の所掌事務の対象外、リソースの増強

図3　内閣府の組織図

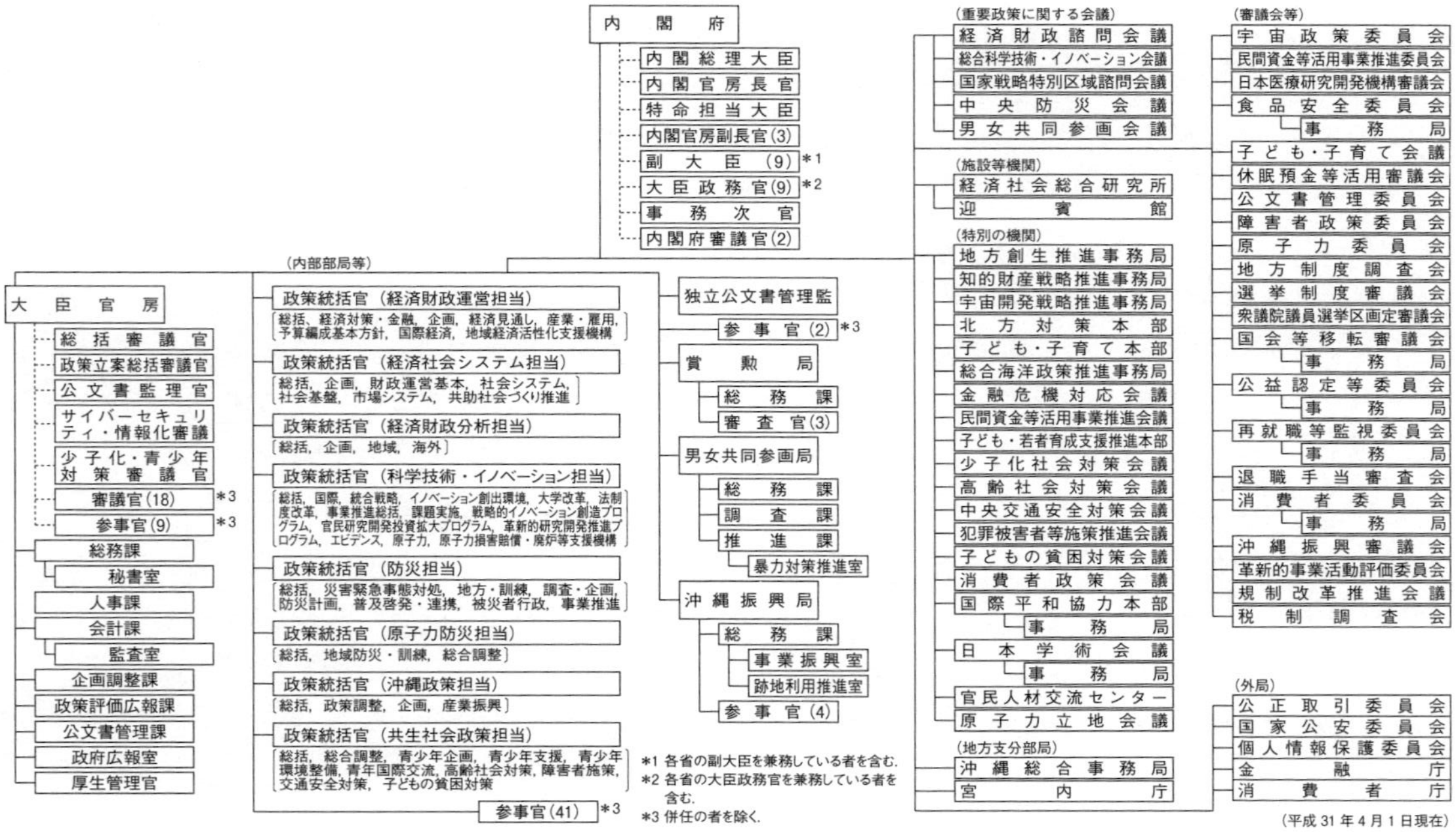

内閣府
内閣総理大臣
内閣官房長官
特命担当大臣
内閣官房副長官(3)
副大臣 (9) *1
大臣政務官(9) *2
事務次官
内閣府審議官(2)
(内部部局等)
大臣官房
総括審議官
政策立案総括審議官
公文書監理官
サイバーセキュリティ・情報化審議官
少子化・青少年対策審議官
審議官(18) *3
参事官(9) *3
総務課
秘書室
人事課
会計課
監査室
企画調整課
政策評価広報課
公文書管理課
政府広報室
厚生管理官
政策統括官（経済財政運営担当）
〔総括、経済対策・金融，企画，経済見通し，産業・雇用，予算編成基本方針，国際経済，地域経済活性化支援機構〕
政策統括官（経済社会システム担当）
〔総括，企画，財政運営基本，社会システム，社会基盤，市場システム，共助社会づくり推進〕
政策統括官（経済財政分析担当）
〔総括，企画，地域，海外〕
政策統括官（科学技術・イノベーション担当）
〔総括，国際，統合戦略，イノベーション創出環境，大学改革，法制度改革，事業推進総括，課題実施，戦略的イノベーション創造プログラム，官民研究開発投資拡大プログラム，革新的研究開発推進プログラム，エビデンス，原子力，原子力損害賠償・廃炉等支援機構〕
政策統括官（防災担当）
〔総括，災害緊急事態対処，地方・訓練，調査・企画，防災計画，普及啓発・連携，被災者行政，事業推進〕
政策統括官（原子力防災担当）
〔総括，地域防災・訓練，総合調整〕
政策統括官（沖縄政策担当）
〔総括，政策調整，企画，産業振興〕
政策統括官（共生社会政策担当）
〔総括，総合調整，青少年企画，青少年支援，青少年環境整備，青年国際交流，高齢社会対策，障害者施策，交通安全対策，子どもの貧困対策〕
参事官(41) *3
独立公文書管理監
参事官 (2) *3
賞勲局
総務課
審査官(3)
男女共同参画局
総務課
調査課
推進課
暴力対策推進室
沖縄振興局
総務課
事業振興室
跡地利用推進室
参事官 (4)
*1 各省の副大臣を兼務している者を含む.
*2 各省の大臣政務官を兼務している者を含む.
*3 併任の者を除く.
(重要政策に関する会議)
経済財政諮問会議
総合科学技術・イノベーション会議
国家戦略特別区域諮問会議
中央防災会議
男女共同参画会議
(施設等機関)
経済社会総合研究所
迎賓館
(特別の機関)
地方創生推進事務局
知的財産戦略推進事務局
宇宙開発戦略推進事務局
北方対策本部
子ども・子育て本部
総合海洋政策推進事務局
金融危機対応会議
民間資金等活用事業推進会議
子ども・若者育成支援推進本部
少子化社会対策会議
高齢社会対策会議
中央交通安全対策会議
犯罪被害者等施策推進会議
子どもの貧困対策会議
消費者政策会議
国際平和協力本部
事務局
日本学術会議
事務局
官民人材交流センター
原子力立地会議
(地方支分部局)
沖縄総合事務局
宮内庁
(審議会等)
宇宙政策委員会
民間資金等活用事業推進委員会
日本医療研究開発機構審議会
食品安全委員会
事務局
子ども・子育て会議
休眠預金等活用審議会
公文書管理委員会
障害者政策委員会
原子力委員会
地方制度調査会
選挙制度審議会
衆議院議員選挙区画定審議会
国会等移転審議会
事務局
公益認定等委員会
事務局
再就職等監視委員会
事務局
退職手当審査会
消費者委員会
事務局
沖縄振興審議会
革新的事業活動評価委員会
規制改革推進会議
税制調査会
(外局)
公正取引委員会
国家公安委員会
個人情報保護委員会
金融庁
消費者庁
(平成31年4月1日現在)

に寄与しないと官僚機構が認識する問題事象への政策対応は「捨象」された。

この意味でいえば、政権主導は日本の政治・行政にとってきわめて重要な課題であり、確実にシステムとして構築される必要がある。とはいえ、安倍政治のもとでの政権主導は、政治（政権）と官僚機構の関係を熟慮したものとはいえないであろう。政治と官僚機構の基本は、政権（首相）の意に「忠実」にしたがう官僚をかかえ込み、特定の政治信条（イデオロギー）に立った政策を実現することではない。政権は高次の政策の方向性においてリーダーシップを発揮するべきだが、その具体化について専門的知識と技術、情報をもつ官僚機構に設計案の作成をゆだね、その妥当性を判断すべきなのである。

二〇一四年の内閣人事局設置以降に目立っているのは、立法の根拠（エビデンス）を曲げてまで政権に「忠実」たろうとする官僚の動きである。こうした動きが今後とも強まっていくかどうかは即断できないけれども、安倍政権のもとでの政権主導が、多元的な政策発議の条件を狭めているといえるであろう。

●──財源の絶対的縮小

二〇二〇年度の中央政府一般会計歳入歳出当初予算は、一〇二兆六五八〇億円であり、一九年度に引き続き一〇〇兆円を突破した。この巨額の歳入予算に占める公債（国債）発行額は三二兆五五六二億円である。だが、新型コロナウイルス禍への対策として次々と補正予算が組まれ歳出は増大しており、一方で税収は落ち込むであろうから国債発行額（債務）は確実に増大する。

図 4　公債発行残高の推移

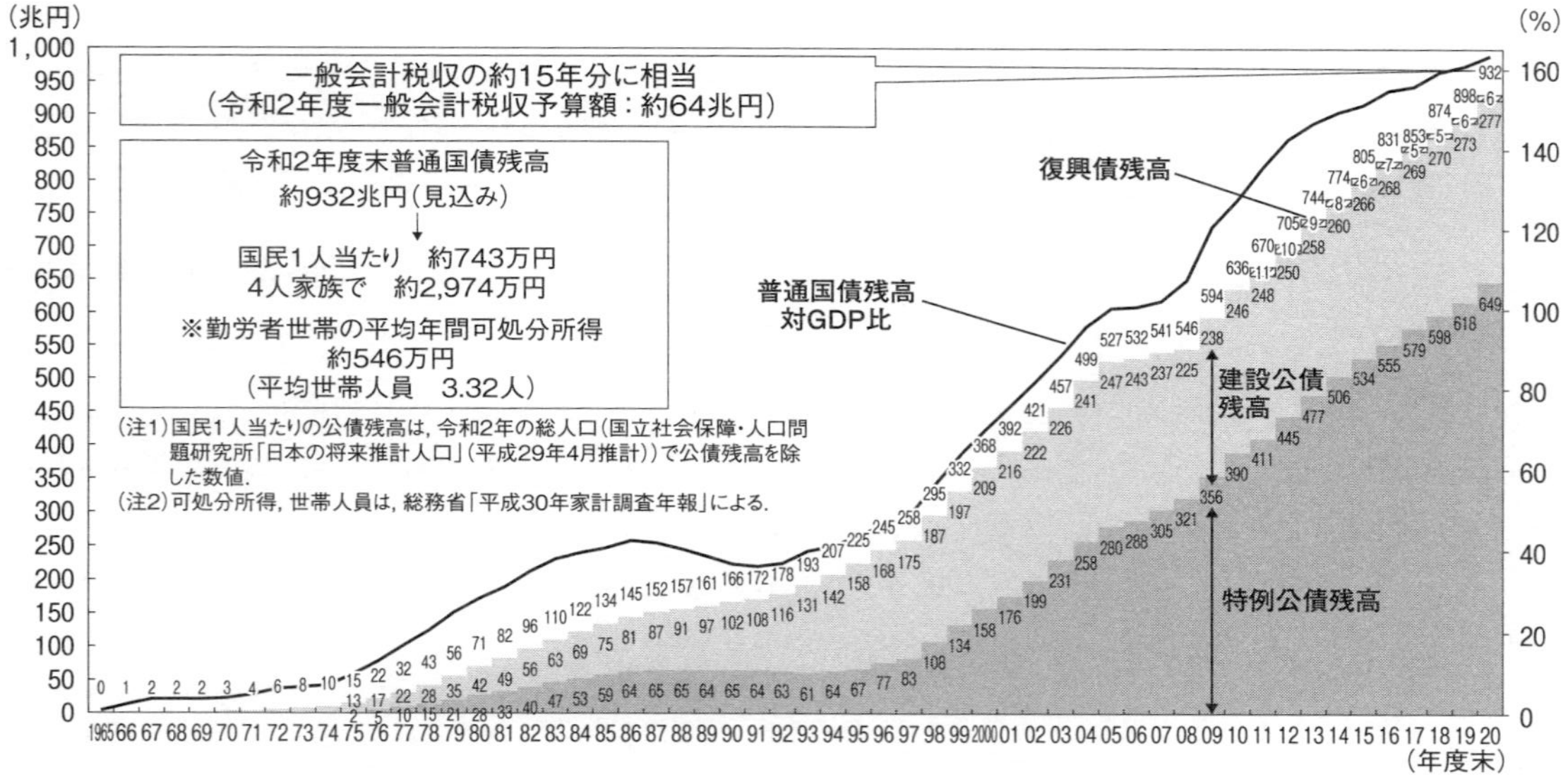

注 1)　公債残高は各年度の 3 月末現在額．ただし，2019 年度末は予算にもとづく見込み．
注 2)　特例公債残高は，国鉄長期債務，国有林野累積債務等の一般会計承継による借換国債，臨時特別公債，減税特例公債および年金特例公債をふくむ．
注 3)　東日本大震災からの復興のために実施する施策に必要な財源として発行される復興債（2011 年度は一般会計において，2012 年度以降は東日本大震災復興特別会計において負担）を公債残高にふくめている（2011 年度末：10.7 兆円，2012 年度末：10.3 兆円，2013 年度末：9.0 兆円，2014 年度末：8.3 兆円，2015 年度末：5.9 兆円，2016 年度末：6.7 兆円，2017 年度末：5.5 兆円，2018 年度末：5.4 兆円，2019 年度末：6.2 兆円）．
注 4)　2019 年度末の翌年度借換のための前倒債限度額を除いた見込額は 844 兆円程度．
出典)　https://www.mof.go.jp/tax_policy/summary/condition/004.pdf

単年度予算の公債発行額が、歳入総額の三〇％強であることだけが問題なのではない。図4にみるように、二〇一九年度末の公債発行残高は八九七兆円（見込み）となっている。同年度の一般会計税収額は約六二兆円であるから、公債残高は税収の約一四倍という巨額に達している。しかも、これは中央政府一般会計の累積債務状況であり、中央政府の一五の特別会計、特殊法人、独立行政法人などの債務はふくまれていない。さらに中央政府財政と連動している自治体の公債残高などを累計すれば、日本の政府セクター全体の債務の累積額は優に一〇〇〇兆円を超えるであろう。

この巨額の債務累積をまえにして歴代政権は、国と地方の基礎的財政収支（プライマリーバランス）の均衡を公約してきた。基礎的財政収支とは歳出額から国債の利払費と償還額である公債費を除いた歳出額と、国債収入額を除いた歳入額の収支状況であり、この均衡が当面の財政再建の課題とされてきた。だが、それはことごとく先送りされてきた。安倍政権も二〇一八年度での均衡を二〇二五年度に先送りしている。基礎的財政収支が赤字のまま年次予算において巨額な公債発行が続けられるならば、公債費（公債の元利償還金）の歳出予算に占める割合が高まり続け、財政弾力性は硬直化の一途をたどる。つまりは新たな問題事象に対応した政策経費を圧迫していくことになる。

こうした途方もない債務の累積は、戦後日本の拡張主義的財政運営によってもたらされたといってよい。とりわけ日本が高度経済成長によって繁栄を謳歌していた時代には、法人税と個人所得税の減税を実施しても、なお税の自然増収が続き税収は前年度を上回った。自民党政権は経済成長にむけた生産基盤の充実と国民の生活基盤の整備を掲げて、公共投資を拡大してきた。それだけではない。全国一万余の郵便局からあつまる郵便貯金、厚生年金や国民年金掛け金を当時の大蔵省資金運用部（組織実体のある組織ではなく概念上の組織、管理は大蔵省理財局によって行われた）に強制預託させ、事業系特別会計、公団・事業団・政府系金融機関に融資し、事業の拡大をはかってきた。税による直接投資と財政投融資なる政府金融システムは、まさに一体となって拡張主義財政運営をささえた。

財政法第四条第一項は、「国の歳出は、公債又は借入金以外の歳入を以て、その財源としなければならない」としつつ、例外として公共事業費、出資金、貸付金の財源については国会の議決をへた金額の範囲内において公債または借入金で賄うことができるとしている。こうした例外規定がもうけられているのは、理論的にいうかぎり、公共事業費による社会資本の整備はのちの世代も恩恵にあずかるのだから、国債発行と長期の元利償還により世代間の負担の平等をはかれるからである。貸付金、出資金については説明するまでもないだろうが、貸付金利が借入金利を下回ることは通常の経済取引ではありえず、出資金は相手の経営の健全さを前提としているからである。

日本が財政法第四条の規定にもとづいて公共事業費にあてる公債（法令上の用語は四条公債、通常は建設国債）を最初に発行したのは、一九六六年度である（前年の一九六五年度補正予算において財政法第四条を逸脱する経常経費に充当する特例公債＝赤字国債を発行しているが、このときは六五年度かぎりで終わっている）。しかし、第一次オイルショックによる高度経済成長終焉後の一九七五年、建設国債の発行にくわえて経常経費に充当する特例公債＝赤字国債が発行された。先に述べたように、財政法は経常経費にあてる国債の発行を認めていない。そこで、政府は毎年度財政法の特例法を国会に上程し、その成立を根拠として赤字国債の発行を行っている。「特例公債」という名称はこれに由来する。建設国債は一九六六年度以降今日まで発行され続けている。また特例公債（赤字国債）は消費税の導入された八九年度から三か年度を例外として、今日まで発行が続いている。

拡張主義的財政運営をささえた財政投融資制度については、二〇〇一年に大きく改革された。郵便貯金などの資金の大蔵省資金運用部への強制預託は廃止された。代わって、財政投融資特別会計の発行する財政投融資債によって資金調達されている。また財政投融資の対象機関（財投機関）の発行する財政投融資機関債（財投機関債）も原資とされている。他方、二〇〇一年に発足した小泉純一郎政権のもとで公共事業の縮減が行われた。

しかし、全体状況としていえば、少子高齢化にともなう社会保障関係費の増大、安全保障関係費（軍事費支出）の拡大、さらには縮減されたとはいえ公共事業による成長（安倍政権の経済成長戦略として打ちだされた「三本の矢」のひとつも公共事業）などによって、財政支出の拡張が続いている。

●—政策準備の環境的条件の硬直化

さて、このようにみてくると、政策準備の環境的条件は、きわめて硬直化しつつあるといってよいだろう。ひとつは、「政権主導」の名による官邸パワーの強大化によって、政権の政治指向が政策準備作業を制約していることである。のちにまた個別の事例を考えることにするが、一方での国家主義に立った軍事費の増強、他方での新自由主義に立った政策が際立っているのは、そのひとつの証左といってよいだろう。

くわえて、巨額の債務の累積は、税収を新たな政策投資に回す余地を失わせている。二〇一九年一〇月に消費税率が一〇%に引き上げられたが、税収の多くは義務的経費である公債の元利償還に充当せねばならない。

公共政策の準備に弾力性を回復することは優れて政治の課題であり、政治システムの改革を必要とする。この文脈において日本の公共政策は、目標・対象・手段から実施主体までをふくめて、根底からの見直しを迫られているのである。

2 政策準備の制度——政権主導と政治的アクター

政策の課題設定

ここまで政策準備の環境的条件をみてきた。そこでは政治（政権）のパワーが強まっていることと、実際に政策・事業を構想・実施するための財政的条件が一段ときびしくなっていることを指摘した。こうした全体的な制度条件を踏まえたうえで、政策の課題がどのように設定されていくのか、そこにはいかなるアクターがかかわっているのかをみていこう。

政策は社会的問題事象の解決を目指した行動の指針である。とはいえ、政府は社会経済的条件の変化によってうまれる問題群のすべてを、公共政策の対応課題として捉えるわけではない。政治とりわけ政権が対応を要すると認識しないことには、具体的な政策準備作業はスタートしない。

たとえば、子どもの虐待問題がある。この問題事象自体は、何も近年になってはじめて生じたものではない。古く歴史をさかのぼることができる。だが、子どもが健やかに生きる権利についての社会的認識の向上、子どもの権利条約に象徴されるような国際的な問題の提起、家族関係の変化などをうけて、社会的問題としてクローズアップされ、政治が取り組むべき課題として浮上してきた。同様のことは家庭内暴力（DV）についてもいえるであろう。そして、政策・事業の中身と実施方法に疑問も提示されているが、ともあれ、中央政府および自治体は動きだしている。

しかし、社会的関心が高まったからといって、政治が政策の転換＝新しい政策発議に踏みだすとはかぎらない。たとえば二〇一一年三月一一日の東京電力福島第一原子力発電所の過酷事故を機として、原発ゼロ社会にむけた世論が形成された。実際、各種の世論調査で原発の廃止が望ましいとする回答は五〇％強となっている。だが、政府の第五次エネルギー総合計画（二〇一八年七月）は原発を基幹電源と位置づけ、二〇三〇年度の電源構成比を二〇〜二二％としている。

このように、新たな社会的問題事象の発生をうけ、マスメディアの報道、市民運動、政党の活動さらに各種選挙の結果などによって、政策課題として認識され政策が準備されることもあれば、政治（政権）の政治的価値観に阻まれて新しい政策の準備が「放置」されることもある。

政策の準備が具体的な政治アジェンダとされる契機は一様でない。ただし、政策の原案を準備しました実施をになっていると一般にみなされる行政機関は、それぞれの政策分野ごとに社会経済の変動を認知するアンテナを用意し作動させている。例としては、国勢調査や各種の指定統計（統計法にもとづき総務相が指定した統計）をはじめとして、それに準じる承認統計（総務相の承認を得た統計）、届出統計などを、まずあげることができる。調査手法としては、対象のすべてを調査する悉皆調査と、対象とする母集団から一定数のサンプルを科学的に選び調査する標本統計がある。それらはいずれも定期的に実施され、家族形態、所得状況、失業率、産業別就業状況、卸売・消費者物価指数などの社会経済の動態と問題状況を分析する基礎データとして活用される。

また、行政機関は、いわゆる業務統計による分析も行っている。これは中央各省の各部局の業務報告や自治体のそれをもとにして得られる統計である。『地方財政状況調べ』にみるような自治体の税・財政状況についての統計は、その代表例のひとつである。行政機関はこれらの業務統計をもとにして各政策領域の現状把握や将来予測を行っている。そしてまた、これらの統計とは別に世論調査を実施している。それらは政府機関の名において直接実施するものもあるが、広告・調査会社に委託し民間の調査を装ったものもある。いずれにしても、世論調査もまた問題状況の分析に活用される。

さらに、自然環境の変化や公害の発生などの定点観測、国土の測量、特定行為や対象者の監視も所管行政機関によって行われている。また、各省は在外公館や国際機関に職員を派遣・出向させており、外国政府の意向や国際世論の動向を調査している。

こうした指定統計をはじめとした調査は、政策課題の発見の基礎データとされる。もちろん、新たな問題事象として行政機関が認知しても、それが政策の準備に直結するわけではない。ただし、それが政策準備にむかうならば、まさに政策の「正当性」の根拠（エビデンス）として使われる。それだけに、各種の統計は政治的な中立性がもとめられるとともに科学的に実施されなくてはならない。

第二次大戦後、戦前期の統計行政が非科学的でありそれが戦争の惨禍をもたらしたとされた。そして政権から独立した行政委員会としての統計委員会がもうけられた。だが、日本の独立回復後に内閣による行政の一元的統轄を理由として、統計委員会は他の独立行政委員会とともに廃止された。そして統計行政は当時の総理府さらに現在の総務省によって基本が所管され、各省が統計の企画・実施をになう体制となっている。

近年、毎月勤労統計の「杜撰さ」や裁量労働制の労働時間をめぐる「誤り」などが指摘され、大きな政治問題となった。科学的かつ政治的に中立な統計行政の構築があらためて問われていることを指摘しておこう。

こうした中央政府の行政機関における問題発見の作業には、外部の多様な組織から多元的なチャンネルを通じて情報や要求・要請が入力される。利益集団を背後にする議員集団からはもとより、無視できないのは自治体ならびにその連合体（全国知事会、全国市長会、全国町村会など）からの問題提起や政策化の要求である。地域住民の政府である自治体は、地域の課題に直面しており自らの努力にくわえて全国的な政策としての実施をもとめる。

中央・地方の政府機関による政策課題の発見作業とは別に、政党や利益集団、NPO／NGO、マスメディアなどの集団もまた、公共政策の課題設定機能をになっている。政党や議員はそれぞれの党派的観点を交えつつ政策として対処すべき課題を政治過程にのせている。その意味では、議員は地元利益を「優先」させていると批判されがちだが、少なくとも選挙区のかかえる問題状況を政治過程に表出するかぎりにおいて批判されるべきものではない。利益集団やNPO／NGOも、それぞれの活動領域に生じた新たな問題の公的解決や活動の枠組みの変更などを、関係する行政機関、政治家に伝達しているし、あるいはメディアを通じて社会に訴える。マスメディアはこれらの情報源にくわえて独自の取材活動によって課題の発見機能をになっている。

さらにまた、公共政策の課題設定は、横からの入力、つまり諸外国や国際機関からももとめられる。とりわけ昨今、「ボーダーレス社会」といわれるように、主権国家の枠組みを超えた問題は多発している。とはいえ、依然として二国間の対立・緊張も絶えない状況にある。こうした国際関係の複雑さは、国の制度や政策の変更を不可避なものとしがちである。

このように政策準備の基礎的な前提である課題の発見と認知の回路は、情報化社会の度合いが進展するほどに多元化していく。しかし、各種の情報が政策を考える基礎となるとしても、そのまま政策の準備作業に結びつくわけではない。それらは政策準備のための「装置」に送り込まれ、そこで政策案として加工される。だが、いうまでもなくこの「装置」には固有のフィルターがそなわっており、課題情報は選別される。次にこの「装置」をいくつかの次元にみておこう。

●—内閣官房・内閣府

先に政権主導を掲げる安倍晋三政権のもとで内閣官房・内閣府の組織と機能の拡大が進んでいることを述べた。現代日本の公共政策の準備における大きな特徴は、政権の直属機関が前面に出ていることであるといってよいだろう。

二〇一二年一二月に民主党から政権を奪還した第二次安倍政権が内閣官房に最初に設置したのは、日本経済再生総合事務局であった。これ以降、国土強靭化推進室、一億総活躍推進室、働き方改革実現推進室、イノベーション推進室、カジノ開設を射程に入れたギャンブル等依存症対策推進本部事務局などがもうけられた。これらは政権の掲げる成長戦略に立つものだが、もうひとつ政権の国家主義的政策指向をうけたものとして、教育再生実行会議担当室、領土・主権対策企画調整室、「明治一五〇年」関連施策準備室、地理空間情報活用推進室などがある。そして、この双方に関連するものとして、東京オリンピック競技大会・東京パラリンピック競技大会推進本部事務局がある。

これらは首相に直属する内閣官房副長官—内閣官房副長官補の監督下にある。そしてこれらの室などを構成しているのは、各省から派遣された官僚たちである。「派遣」というと各省側に主導権があるかのような印象が残るが、実態は内閣官房が「一本釣り」した官僚たちであるといってよい。

これらの内閣官房の室などには先に述べた政策発議の基礎データが集約されていく。そのうえで具体的政策の作成が各省に指示される。あるいはのちに述べるが「働き方改革実現会議」のように民間有識者を動員した諮問会議をもうけ、その報告書をもとに関係各省に具体的な法案等の作成が指示される。

内閣官房とならんで強化された内閣府には、内閣府発足時の四つの諮問会議にくわえて国家戦略特区諮問会議が増設された。経済財政諮問会議や総合科学技術・イノベーション会議も年次予算政策や科学技術政策の基本方向に大きな影響力をもっているが、増設された国家戦略特区諮問会議は、たんに国家戦略特区のあり方を審議しているのではなく、国家戦略特区の指定とそこでの事業について決定権をもっている。これはある意味で「諮問会議」の域を超えているといってよい。獣医学部が存在しない四国地方を国家戦略特区に指定し加計学園の獣医学部の開設を認めたことは、政治（政権）への不信感をもたらした。ともあれ、内閣府の諮問会議は政策準備の強力な舞台となっている。

これらの諮問会議とは別に内閣府には図3のように政策統括官のもとに政策の発議を検討するセクションや特別の機関として多数の会議・本部がもうけられている。地方創生推進本部などは政権のアピールする政策課題に対応したものだが、省庁横断的な政策の発議にかかわっている。そして、内閣府が直接政策の具体的内容について公示することもあれば、詳細の政策設計を関係する省に指示することもある。いずれにしても、政策体系の高次の目標の設定が、執政部である内閣というよりは政権の直属機関におこなわれているのは、現代日本の行政と政策決定に生じた大きな変化であるといえよう。

●—国会と政党

憲法原理からいえば、政策準備の前提となる課題の設定に「圧倒的」な政治的正統性をもっているのは国会である。国会は衆参両院の本会議や予算委員会・各常任委員会・特別委員会を舞台として、認知した政策課題を具体的政策として立案し実行するよう内閣にもとめることができる。あるいは既存の政策の問題点を指摘し、政策のイノベーションを内閣にもとめることができる。こうした国会の権限と機構を補佐するために、両院には衆議院と参議院で若干の違いがあるが、調査局、常任委員会調査室、法制局にくわえて国立国会図書館立法考査局がおかれている。議員はこれらの機関に政策課題の調査や既存政策の問題状況の分析を指示できる。また、議員は委員会での質問にくわえて文書によって内閣に質問(「質問主意書」)することもできる。国民の「権利」とされる請願とその審議を通じて政策課題を発見し内閣に政策化をもとめることができるばかりか、自ら議員立法として法律案を国会に上程することも法制化されている。

こうした国会の活動は行政機関にとって無視できない重みをもつ。委員会などにおける疑問の提示や問題点の指摘は、どのような政策の公示形式を採用するかはともかく、政策の立案や修正につなげていかなくてはならない。この意味で国会は、たんに政策の課題を政治過程に表出しているのではなく、政策準備のための「装置」として機能するといえる。

とはいえ、いうまでもなく国会は議員が一体性をもつ機関ではない。政党政治の舞台である。それだけでなく日本は議院内閣制を採用している。執政部である内閣の首長は国会多数派によって選出される。閣僚数は二〇一九年現在で一八であり過半数は国会議員でなくてはならない(憲法第六八条。ちなみに、二〇二〇年五月末現在、民間人から任命された閣僚はゼロ)。

ところで、ひと口に議院内閣制というが、日本の議院内閣制は、何かと引照されるイギリスの議院内閣制とは制度実態を異にする。イギリスのばあい、与党議員の一〇〇名余がキャビネット・メンバーであり、与野党対立はそのまま内閣と野党との対立の色彩が濃厚である。つまり内閣は議会内在的である。これにたいして日本の内閣は議会から相対的に独立した議会外在的存在である。だが、同じ議会外在的存在であるフランスやドイツと比べるとき、内閣と議会との緊張関係は希薄である。

長らく日本の内閣と国会、内閣と与党との関係で問題視されてきたのは、次のようなインフォーマルな政治の実態である。内閣と国会、というよりは与党と野党の関係という方が正確であろうが、与野党関係は表面的には内閣と野党との関係として推移しつつも、「国会対策」の名のもとにインフォーマルな取引が展開されてきた。与野党ともに国会対策委員会をもうけているが、これはあくまで政党の内部組織であって国会の委員会ではない。だが、各政党の国会対策委員長による会議が議会運営の実質を決定してきた。

もうひとつの内閣と与党の関係に眼を転じよう。自民党は政策審議機関として政務調査会を組織しており、そのもとに省編成に応じた部会がつくられている。また税制調査会や重要政策課題に応じた調査会が存在する。これらの部会や調査会は、たんに政策課題を表出する舞台ではない。政権党が取り上げた政策課題は、各省における法案や施策の作成をうながしてきた。また内閣提出法案は、所管省の部局と政務調査会の関係部会との協議、そして部会の同意が必要とされてきた。これは政権党である自民党がつくりあげたルールであって、なんら公的なルールではない。しかし、このルールの結果、「石造り」の国会議事堂内において公的に交わされるべき議論は、国会議事堂裏手の自民党本部で実質的に終了しているのだ。これらは政党政治の未成熟、自民党一党優位体制の所産でもあるが、これでは内閣と国会の緊張感がうまれるはずもないのである。それだけではない。個別利益に仕切られた「小さな政治」が跋扈し、執政部としての内閣の政治主導を損なってきた。

政治（政権）主導の必要性は、こうした自民党一党優位政党制がもたらした日本政治の病理を正そうとするものである。だが、七年半におよぶ安倍政治のもとで政権と国会、政権と与党である自民党の関係は、新たな様相をしめしている。衆議院議員選挙への小選挙区比例代表並立型の導入は、自民党中央のパワーを強大なものとした。かつて良かれ悪しかれ存在した党内派閥の政治力は衰退し、党内論争はまったくの低調である。自民党は与党として保つべき政権との緊張関係を失い、政権「翼賛」集団の色彩を濃くしている。こうした状況であるからこそ、前項で述べたような内閣官房・内閣府の政策発議・準備機能が強まることになる。のちに「法律のつくられ方」で再論するが、内閣提出法案についての各省官僚機構と自民党政務調査会部会との協議においても、かつてのようなきびしい部会の修正意見・要求に官僚側が頭をかかえる状況は薄らいでいる。

ところで、国会が政策の発議・準備機能を高めるためには、いうまでもなく野党の活力が必要である。しかし、二〇一二年の民主党政権の退場以降、野党は離合集散を重ねており、政権への対抗勢力としての機能を果たしているとはいえない。対抗関係を築くためには、野党の自己改革から選挙制度にいたるまで多くの課題があるが、それらについてここで論じることは、本書の対象ではない。ただし、公共政策の発議・準備という次元にそくしていうならば、「国権の最高機関」（憲法第四一条）とはいうが、国会を起点とする政策論争が、すこぶる弱まっているといってよい。政治過程に多元的な入力が表出されないことには、公共政策の有効性は揺らいでしまうことをここで指摘しておこう。

●官僚機構と分担管理

従来、政策課題の発見と認知、それをもとにした政策の立案は、官僚制組織を有力なアクターとしているると論じられてきた。行政組織は政策課題の分化とそれに対応した政策の立案さらにその実施過程において、組織単位の分業体制を強めていく。所管領域ごとにハイラーキカルに下降する組織体制は、いわゆるタテ割り行政・セクショナリズムなる病理をうみだしていく。

この官僚制組織一般にみられる病理現象にくわえて、日本の組織法制にはそれを加速する特徴が内在してきた。行政機構を統括する内閣運営の三原則とされてきたのは、首相指導の原則、合議制の原則、所轄の原則である。首相指導の原則は首相に閣僚の任免権があることを意味する（憲法第六八条）。合議制の原則とは内閣がたんに合議制の機関であることを意味するのではなく、内閣の意思決定は全員一致によるものとされ多数決は採用されていない。所轄の原則とは、府省は内閣法、国家行政組織法によってそれぞれ「主任の大臣」によって所轄＝分担管理されるとの意味である。したがって、他省の大臣は「主任の大臣」ではないから、分担管理していない府省の業務に介入できない。この原則こそが内閣運営のベースとされていたのである。閣議の決定が合議によるといっても形式にすぎないし、首相が異論をもつ閣僚を頻繁に罷免し兼任ないし交代させることなど容易にできるものではない。したがって、政策課題の発見・認知とそれにもとづく政策開発といっても、この制度からは分担管理している領域内で立案され執行可能と「判断」されたものにかぎられることになる。

ところで、こうした各省官僚機構による政策の立案から実施の分担管理は、とりわけ二〇一二年一二月に成立した安倍長期政権のもとで大きく変化しているといってよい。内閣運営の三原則や内閣法・国家行政組織法のさだめる「主任の大臣」が「廃止」されたわけではない。だが、すでに述べた内閣官房・内閣府の組織と機能の拡大、二〇一四年の内閣人事局の設置による各省幹部官僚の人事の内閣への一元化、各省官僚の内閣官房・内閣府への「一本釣り」によって、各省官僚機構は政策開発や行政執行の分担管理に存在証明をみいだしがたい状況におかれているといってよい。

それを物語る近年の典型事例は、二〇一八年四月に衆参両院でわずか合計一二時間の審議で可決された種子法廃止法案であるだろう。一九五二年に制定された種子法は、稲、大豆、麦類の優良な種子の開発と農業者への安定的かつ廉価での提供を都道府県に義務づけたものである。都道府県は農業研究所（農事試験場）などにおいて奨励品種の開発を行い「公共の種子」として提供してきた。コシヒカリ、ササニシキ、ひとめぼれ、新之助といったブランド米は、いずれも種子法にもとづき開発されたものである。

すでに二〇年以上前から日本の野菜の種子市場は、モンサント・バイエル、ダウ・デュポンといった世界的種子企業の支配をうけてきた。稲、大豆、麦類の種子は、野菜の七倍から八倍の市場規模があるとされる。これらの世界的種子企業は政権にたいして市場開放をもとめてきた。種子法の廃止はまさにこうした圧力に応えたものといってよい。

だが、この種子法の廃止の過程は、従来の政権と官僚機構さらに与党との関係からみると、「異様」

といえる。農水省官僚機構は農業者団体および農林族議員とともに、「食糧安全保障」を強調してきた。しかも、今回の門戸開放の対象は「主食」である。だが、農水省官僚機構や背後の利益集団と議員集団は、まったく世論に訴えることもなく、種子法の廃止法案を国会に上程し成立させた。

このようにみるならば、伝統的に語られてきた官僚機構の分担管理を前提とした政策開発と政策立案は、かなりの程度後退している。こうした事態を政権主導の「成果」として評価することもできよう。実際、そのような肯定的評価も存在する。ただし、政権（官邸）主導の政策作成は、政権の特定の価値観に支配され多元的価値への配慮をないがしろにしがちであることにも注目しておかなくてはならない。もちろん、このことは分担管理を基本とする官僚機構主導の政策作成を維持すべきだという意味ではない。政権主導と幹部官僚の人事もふくめて官僚機構との関係については、考察せねばならない多くの課題が存在する。それは現代日本の行政学や政治学が本格的に追究せねばならないアジェンダである。ただし、ここで指摘しておきたいのは、官僚機構主導の公共政策といった、長く語られてきた状況が大きく様変わりしていることである。

●──諮問機関による政策準備

政策課題の設定や政策・事業案の設計にあたって多用されているのは諮問機関である。それらがもうけられる理由として掲げられているのは、国民の多様な声を行政に反映させる必要があることや、政府部外の専門家の知識や技術を政策立案に取り入れ政策の質の向上をはかるといった事項である。前者は行政への国民参加・市民参加の推進といった観点から正当化されてきた。また後者については、官僚制組織の専門的知識や技術では処理しえない問題状況が多発しており外部の専門家によって補完される必要があるとされてきた。諮問機関の実態がこうした説明にそっているかどうかには、多くの検討を必要としよう。いずれにせよ、政策立案の過程には諮問機関が重要な役割を果たしている。

伝統的に諮問機関といわれてきたのは、国家行政組織法第八条にもとづき設置法ないし政令でもうけられてきた「審議会等」(「公的諮問機関」ともいわれる)とされる組織である。二〇〇一年の行政改革によって新設された内閣府は国家行政組織法の対象外の組織である。現在の審議会等は、国家行政組織法第八条にくわえて、内閣府本府におかれるものは内閣府設置法第三七条を、内閣府の外局におかれるものは同法第五四条を基本的根拠として、設置法ないし政令でもうけられている。内閣府および各省にもうけられている審議会等は、一二八におよぶ(二〇一九年度)。

審議会等の政策作成における機能を分類しておくと、次のような三類型をみることができよう。第一は、政治行政体制のあり方全般にわたって審議し選択肢の特定を行おうとするもの(第二次臨時行政調査会、行政改革会議など)である。第二は、国の基幹的制度について審議し、制度改革や制度運営の政策について選択肢の特定を行おうとするもの(地方制度調査会、税制調査会、財政制度審議会など)である。第三の類型は、各省の所掌事務に関係して政策・施策のあり方を審議し選択肢の特定を行おうとするもの(中央教育審議会、労働政策審議会、農政審議会、中央都市計画審議会など)である。

こうした審議会等がいかなる機関の諮問に応じた組織であるかをみると、第一、第二の審議会等は首相ないし内閣レベルに設置されるのにたいして、第三のそれは各省大臣レベルに設置される。ただし、地方制度調査会や税制調査会などは、いずれも首相の諮問に応じて審議しているが、事務局をになっているのは総務省であり財務省である。その意味では事務局をになう官庁の意向が強く反映されるともいえる。

ところで、公的諮問機関は一般にその外部性と専門性によって正当化されてきた。ここでいう外部性とは、審議の公開性の程度を意味しているのではなく、構成メンバーの帰属先のひろさを指している。また専門性とは構成メンバーが有する当該行政や政策分野の専門的知識・技術を意味する。こうした軸によって審議会等をみると、第一の類型の審議会等は概して外部性が専門性に勝っている。第二の類型では外部性と専門性が均衡しており、第三の類型では専門性が外部性に勝っているといえよう。

こうした特徴が生じるのは、第一のそれが高次の政策課題によるものであるばかりか政権が世論の動員装置としてもちいがちであることによる。第二のより具体的な政策の変更と選択肢の特定をになう審議会等においては、既存の政策に利害をもつ業界団体・関連団体の意見を公の場で聴取し合意を調達せねばならない。とはいえ、外部性を強くするならば議論百出となって、事務局の用意した原案が承認される可能性は低くなる。そこで、官庁側の意向に配慮しつつ利害対立を理論的に調停する専門家集団を構成メンバーとする必要がある。実は、この種の審議会等での審議の前段には、各省が外延にもうけている公益法人での研究会や私的諮問機関などにおいて、政策案の基礎的な調査研究がなされていることが多い。そして、審議会等には、こうした研究会のコアメンバーが専門的知識をもつ委員として選任されている。第三の類型に属す審議会等は、ある意味で政策体系の「下位」レベルでの修正を目指すものであり、もともと政策の基本的方向について、きびしい利害対立を招くような事項を対象としていない。したがって、旧来から官庁と緊密な関係にある専門家などが選任されるのである。

さて、このようにみてくると、とりわけ第二、第三の類型にあてはまる審議会等は、官僚制によって仕切られた共同体の存在を前提としている。それが官僚制の分担管理を補強し省庁間のセクショナリズムを昂進させているとされてきた。法令に根拠づけられた公的審議会等の公共政策の準備・作成における役割はなお一定の重要性を保っているが、「政権主導」「政治主導」という観点からすれば、より機動的な諮問機関が追求されることになる。この意味で、政策の作成における諮問機関にも、旧来とは様相を異にする事態がうまれている。

●―首相主導と有識者会議

第二次安倍政権の成立以降、政府の政策作成において顕著なのは、「有識者会議」の活用である。かつては公的諮問機関との対比で私的諮問機関と称されてきた。それらは閣議決定、省令、訓令、局長決裁などを根拠として設置され、首相、大臣、局長などの諮問に応じて審議する機関である。名称も研究会、懇談会、会議などさまざまである。それらが「私的」といわれてきたのは、国家行政組織法や内閣府設置法を基本として法令でもうけられたものでなく、課題に応じてアドホックにもうけられたからだが、「私的」と呼び慣らわすのは妥当ではない。首相や各省大臣、局長などを囲む有識者（ブレーン）

の私的集まりではなく、公金をもって運営されており、その機能も公的な政策準備過程に組み込まれている。こうした呼称についての自省的認識が政府部内にあったかどうかは定かではないが、今日では私的諮問機関に替えて「有識者会議」という名称がひろく使われている。

政策決定における私的諮問機関の設置とその活動が政治の焦点となったのは、一九八〇年代の中曽根康弘政権時代だった。中曽根政権は首相の私的諮問機関として、平和問題研究会、靖国神社懇談会などを設置した。平和問題研究会は防衛費をＧＮＰの一％以内にとどめるとしてきた歴代政権の方針の撤廃と弾力運営を答申した。靖国神社懇談会は、閣僚の靖国神社公式参拝を是とする報告をまとめた。その後、二一世紀構想懇談会、教育改革国民会議、産業競争力会議（いずれも小渕恵三政権）、ＩＴ戦略会議（森喜朗政権）、行革断行会議、郵政事業民営化研究会（小泉純一郎政権）などがもうけられている。

これらの首相レベルにもうけられた私的諮問機関は、いずれも戦略的な政策課題を議論する場としてもうけられただけではなく、官僚制組織に検討をゆだねることが適切でないか、あるいは官僚制組織のあり方に改革を迫るためにもうけられたものである。それだけに、時の政権の政治指向が強く反映されるが、政権の権力基盤の状態に左右され、既存政策の変更にかならずしも結びつくものではなかった。けれども、内閣官房・内閣府の組織強化を果たしつつ政権主導を追求している安倍政権のもとにおいては、有識者会議は政策構想の域を超えて政策の発議と決定に大きな影響力を発揮している。

第二次安倍政権は二〇一二年一二月の発足とともに安保法制懇談会をスタートさせた。これは第一次政権時代に設置しその後の福田康夫政権、麻生太郎政権、さらに民主党政権のもとで「休眠」していた安保法制懇談会（座長・柳井俊二）を、一部委員を入れ替えて再開したものである。同懇談会は一四年五月一五日に、憲法第九条の規定は「個別自衛権はもとより、集団的自衛権の行使や集団安全保障への参加を禁ずるものではない」との報告書を首相に提出した。これをベースとして政権は、集団的自衛権の行使を中心とする安全保障法制の関連法案を国会に提出した。これを機として与野党間の激論のみではなく街頭での大規模な市民のデモが展開された。結果的には、同法案は一四年七月に国会で成立した。これは歴代政権が「憲法第九条は集団的自衛権の行使を認めるものではない」としてきた憲法解釈の転換にとどまらず、日本の安全保障政策の「大転換」であったといってよい。もっというならば、事実上の憲法「改正」とさえいえる。

安保法制懇談会は「有識者会議」だが、ここに集められた有識者はいずれも集団的自衛権の行使の推進論者である。有識者会議という、政権の意向を反映させることができ、かつ機動的な設置ができる舞台をしつらえることが、はたして民主政治に適合するのか疑問が提示されて当然である。だが、安倍政治のもとでは、教育再生実行会議による道徳教育の正規カリキュラム化（「特別の教科　道徳」として導入）、天皇代替わりのための皇室典範の改正など、国家主義的な政策の変更が有識者会議を設置して展開されている。

安倍政権は右のような安保法制懇談会ばかりか内政面における既存政策の変更を目的として、次々と有識者会議を立ち上げた。

二〇一五年一〇月二一日には、「一億総活躍社会国民会議」がもうけられた。これは少子高齢化に真正面から挑み、「希望を生み出す強い経済」「夢を紡ぐ子育て支援」「安心につながる社会保障」にむけたプランの策定を目的とするとされた。構成メンバーは議長が首相であり、一億総活躍担当相、官房長官、関係する一〇大臣にくわえて、一五人の有識者である。一億総活躍社会国民会議とはいうものの、有識者委員の構成には政権に思想的かつ政策指向において近いとされる人々が選任されているとの批判がうまれた。

さらに、二〇一六年九月一六日、政権は首相の私的諮問機関として「働き方改革実現会議」をもうけた。メンバーは首相をはじめとした閣僚九人と有識者として選任された一五人である。会議のアジェンダは、一億総活躍社会国民会議と重複する部分が多いのだが、日本経済の再生にむけた付加価値生産性の向上と労働参加率の向上をはかることにあるとされた。一億総活躍社会国民会議も長大な報告をまとめているが、働き方改革実現会議は「働き方改革実行計画」を一七年三月二八日に公表した。それは「同一労働・同一賃金など非正規雇用の処遇改善」「賃金引上げと労働生産性の向上」「病気の治療と仕事の両立」「高齢者の就業促進」「外国人材受入れ」といった広範な領域におよんでいる。

こうした首相直属の有識者会議の報告をもとに、政権は既存法律の改正案や新規立法を国会に上程させそれらは成立をみている。「働き方改革」に関連した政策変更などについては、のちにまた論じる。ただし、注目しておきたいのは、先に述べた政策の発議やイノベーションがトップダウンの色彩を濃くしていることである。官僚機構の役割の変化は、こうした有識者会議の側面からもみることができるのである。

もちろん、各省レベルにおいても有識者会議がもうけられ、それぞれの省のかかえる問題事象についての政策のあり方が議論されている。一例をあげるならば、総務省の「二〇四〇問題研究会」がある。二〇四〇年をピークとして進行する高齢化社会にそなえて自治体行政の「改革」構想を議論するものである。国土交通省には「今後の治水対策のあり方に関する有識者会議」「ダム再生ビジョン検討会」などがある。

官僚機構が有識者会議をもちいるのは、公的審議会に諮問するのに先立って一定の方向性を準備するためであるといってよい。実は、各省の個別分野ごとの有識者会議のコアメンバーと関係する公的審議会の有識者は重複していることが多いのである。その意味でいえば、各省の有識者会議は、所管する法律案の作成や改正を迅速に進めようとする工夫であるといえよう。

③ 法律作成のプロセス

議員提出法案の増加とその実態

政策の公示形式でみたように、法律のみによって政策が公示されるわけではない。とはいえ、法律は政策の目標、対象、手段の重要な構成要素であるばかりか、国会なる「国権の最高機関」（憲法第四一条）の議決を得ており規範として高度の正当性を有している。それだけに、政策のあり方をめぐる議論は、法案の是非をめぐる議論として展開されがちであり、マスコミ報道の焦点とされる。

法律案の国会への発議権は内閣と国会（議員）の双方にある。議員提出法案は衆議院、参議院の両院に認められている。衆議院では予算措置をともなわない法案のばあい議員二一名以上の連署が必要とされる。予算措置をともなう法律案の提出は議員五一名以上の連署が必要とされている（参議院のばあいは、それぞれ一一人以上と二一人以上）。そして、衆議院のばあいは、所属政党の機関承認を必要としている。その意味では、政治指向を同じくする議員グループがまったくの自由意思で行動できるわけではない。

近年の日本政治の変化として議員提出法案の増加が指摘される（表1）。理由は多様である。きわめて巨視的にいうならば、法案の提出によって特定の政策の実現を社会にアピールし、議員の存在証明を明らかにしようとする傾向の強まりといえよう。野党が共同で提案している原発ゼロ法案、公文書等の管理の適正化に関する法律案などは、政権の政治運営にオルタナティブをアピールするものといえる。こうした与野党間対立に関連する議院立法とは別に、臓器移植法のように法律の内容からみて内閣（行政権力）提出法案とすることが適切でないばあいに議員提出法案の手法がとられることもある。つまり、臓器移植法は脳死の判定をもって人間の死と捉え臓器の摘出をできるとするものだが、人間の死を行政権力が定義することは好ましいことではない。そこで与野党の垣根を超えた議員立法として成立した。また、子どもの貧困、子どもの虐待防止を求める法律も政党の仕切りを超えた議員立法として成立したが、これらの主たる目的は、政府にたいして行政組織横断的な対応をもとめるものだった。たしかに、各省の所掌事務範囲を超えて政策・事業の実施をうながすのは、議員立法の利点であるといってよい。

議員立法の活性化は、立法機関であり「国権の最高機関」である国会の重要な役割である。しかし、議員立法についての制約も多い。内閣が議会外在的存在であることは先に触れたが、まさにそれゆえに日本の国会における与野党間対立はきびしい。右に一例を示した野党が議員立法として提出した二法案は、上程はされたものの審議に入れず「棚ざらし」状態にある。政府にきびしい政策や制度の変更を迫

表1　議員立法の件数

会次と区分／国会会期	内閣提出法律案		議員立法		計	
	提出件数	成立件数	提出件数	成立件数	提出件数	成立件数
第200回（臨時会） （2019.10.4～12.9）	(2) 15	(2) 14	(51) 26	(0) 8	(53) 41	(2) 22
第199回（臨時会） （2019.8.1～8.5）	(2) 0	(0) 0	(51) 0	(0) 0	(53) 0	(0) 0
第198回（常会） （2019.1.28～6.26）	(1) 57	(1) 54	(33) 70	(1) 14	(34) 127	(2) 68
第197回（臨時会） （2018.10.24～12.10）	(4) 13	(2) 13	(27) 88	(0) 9	(31) 101	(2) 22
第196回（常会） （2018.1.22～7.22）	(1) 65	(1) 60	(6) 71	(0) 20	(7) 136	(1) 80
第195回（特別会） （2017.11.1～12.9）	(0) 9	(0) 8	(0) 28	(0) 2	(0) 37	(0) 10
第194回（臨時会） （2017.9.28～9.28）	(6) 0	(0) 0	(60) 0	(0) 0	(66) 0	(0) 0
第193回（常会） （2017.1.20～6.18）	(6) 66	(3) 63	(50) 136	(0) 10	(56) 202	(3) 73
第192回（臨時会） （2016.9.26～12.17）	(11) 19	(6) 18	(54) 126	(4) 13	(65) 145	(10) 31
第191回（臨時会） （2016.8.1～8.3）	(11) 0	(0) 0	(54) 0	(0) 0	(65) 0	(0) 0
第190回（常会） （2016.1.4～6.1）	(9) 56	(4) 50	(28) 72	(2) 18	(37) 128	(6) 68
第189回（常会） （2015.1.26～9.27）	(0) 75	(0) 66	(4) 72	(0) 12	(4) 147	(0) 78
第188回（特別会） （2014.12.24～12.26）	(0) 0	(0) 0	(0) 4	(0) 0	(0) 4	(0) 0
第187回（臨時会） （2014.9.29～11.21）	(2) 31	(2) 21	(43) 28	(3) 8	(45) 59	(5) 29
第186回（常会） （2014.1.24～6.22）	(4) 81	(3) 79	(42) 75	(0) 21	(46) 156	(3) 100
第185回（臨時会） （2013.10.15～12.8）	(8) 23	(7) 20	(28) 45	(2) 10	(36) 68	(9) 30
第184回（臨時会） （2013.8.2～8.7）	(8) 0	(0) 0	(28) 0	(0) 0	(36) 0	(0) 0
第183回（常会） （2013.1.28～6.26）	(0) 75	(0) 63	(0) 81	(0) 10	(0) 156	(0) 73

注）上段括弧書きは，継続審査に付されていた法律案の件数（外数）．
出典）各年『衆議院の動き』衆議院事務局から作成．

る議員提出法案であっても、議員は国民代表なのであり、野党が議員立法として上程した法案をふくめて速やかに審議するルールの定立がもとめられよう。

●─圧倒する内閣提出法案

こうして、実際の法案成立件数をみるならば、伝統的に内閣提出法案が圧倒している。そして、一般的かつ歴史的にいうならば、法律案の準備は内閣のもとの行政機関にになわれている。新しい法律をつくるばあいと既存の法律の一部を改正するばあいがあるが、内閣がその都度担当行政機関をきめるわけではない。各省設置法によって仕事の分担領域があらかじめさだめられている。また既存の法律については、それぞれの所管省がさだめられている。ただし、新しい問題状況に対応した法律案の作成をめぐって省間対立がうまれることもある。それはたんにどの行政機関が法案作成のイニシアティブを握るかを意味しているのではなく、法律制定後の所管─権限の争いを意味する。こうしたケースでは、内閣官房による調整が行われ共管とされることがある。既存の法律のなかには共管となっているものもあり、そのばあいには共管している省のあいだで協議が行われる。

各省における法案作成過程を概括すると、通常の法律案の作成の基本単位は局であるといってよい。新しい法律案の準備や既存法の一部改正の必要性がどのような主体のイニシアティブによるかは、まさにケースバイケースである。官僚機構内部の情報回路は、上から下への回路もあればその逆もある。また外部の議員集団や利益集団からの要請もある。それらは関連する局は当然として大臣官房に集約される。したがって、法律のイノベーションを必要とするとの認識は、官僚機構の情報収集活動にもとづいて発することもあれば、外部から（横からの入力）の要請をうけてということもある。もちろん、この二つを明確に区分することはできない。こうした状況を官僚制組織内部にかぎっていえば、局の最高幹部や大臣官房からトップダウン的に指示されることもあれば、ボトムアップ的に下位の組織単位から発議され、上位者を交えた検討をへて最終決裁されることもある。

いずれにしても、よほどの軽微な既存法律の改正作業でないかぎり、新規立法、既存法の一部改正のどちらであっても、作業はおおよその枠組みの設定として開始され、私的諮問機関（有識者会議）において政策課題の特定化などの基礎作業が行われる。このレベルでの基礎的な調査研究を踏まえて、公的諮問機関（審議会等）の審議にゆだねられる。この段階になると、官僚機構内部においては法案要綱の素案が作成されているか、あるいはその準備作業が整っている。行政機関は審議会等の答申をうけて法案要綱の作成作業を開始し、自民党の政務調査会の関係部会との協議にかける。これがいわゆる与党事前審査であり、先にも触れたように、国会審議の「形骸化」ないし「骨抜き」として批判の対象ともされてきた。

●—官邸主導と法案作成

内閣提出法案は、以上のように官僚機構の分担管理を前提として、各省官僚機構に主導されてというよりはむしろ、議員集団背後の利益をいかに法案に組み込むかに焦点がおかれてきたといってよい。

表2　働き方改革実現会議　有識者委員（五十音順）

生稲晃子（女優）
岩村正彦（東京大学教授）
大村功作（全国中小企業団体中央会会長）
岡崎瑞穂（オーザック専務取締役）
金丸恭文（フューチャー代表取締役社長）
神津里季生（連合会長）
榊原定征（経団連会長）
白河桃子（相模女子大学客員教授）
新屋和代（りそなホールディングス人材サービス部長）
高橋進（日本総合研究所理事長）
武田洋子（三菱総研チーフエコノミスト）
田中弘樹（イトーヨーカ堂）
樋口美雄（慶應義塾大学教授）
水町勇一郎（東京大学教授）
三村明夫（日本商工会議所会頭）

安倍政治のもとでこうした官僚機構による法案作成や与党事前審査が消え去ったわけではない。しかし、現代日本の法律案の作成には、大きな変化がうまれている。とりわけ内閣（政権）が重視する政策課題にかかわる法律案については、内閣官房・内閣府なる補佐機構をそなえる政権（官邸）のイニシアティブが際立っている。

安保法制もまさにその典型のひとつだが、より市民の日々の生活に直接影響する法律に「働き方改革一括法」がある。安倍政権は政権成立当初より既存の労働法制を「岩盤規制」であるとして、その徹底した緩和による経済成長をはかるとしてきた。そして、先に述べたように二〇一六年九月一六日、首相の私的諮問機関として「働き方改革実現会議」をスタートさせた（このうちの有識者メンバーは表2）。同会議は翌一七年三月二八日に「働き方改革実行計画」をまとめ公表した。労働時間規制の大幅な緩和をはかることを趣旨とした実行計画が有識者委員自らの起草によるものでなく、内閣府の官僚の手によることは否定しようがない。

実行計画にもとづく法案・働き方改革一括法は二〇一八年の通常国会に提出され、自民・公明・日本維新の会・希望の党の賛成多数によって二〇一八年六月に成立した。法案の所管省は厚生労働省（厚労省）だが、厚労省が従来のように自ら発議し労働政策審議会（労政審）の議をへて法案を作成したものではない。厚労省は官邸主導のもとで法案作成という作業をになったのである。この法案は、「特例」として労使の合意（協定）があるならば、月一〇〇時間未満の時間外労働（残業）を認めること、特定職種について労働規制を大幅に緩和する「高度プロフェッショナル制度」の導入、裁量労働制の拡大を骨子とするものであった。政権は従来の労働規制を「岩盤規制」というが、日本はＩＬＯ（国際労働機関）第一号条約（一週の労働時間を例外なく四八時間以下とするもの）を批准しておらず、「緩やかすぎる」との批判は以前からなされてきた。それだけに国会では激しい議論が交わされた。そのようなかで裁量労働の方が一般労働より労働時間が短いとする政府（厚労省）の説明根拠が「捏造」であることが明らかになり、裁量労働の拡大部分については法案から削除された。これは厚労省官僚機構の政権（官邸）への「忖度」ではないかとの批判を呼び起こした。立法根拠（エビデンス）の解釈をめぐっては、以前から論争は絶えない。だが、エビデンスそのものが「捏造」ないし「偽造」されることは、なかったといってよい。事務の分担管理を前提とした官僚機構主導の法案作成には、すでに述べたような問題が存在する。しかし、強大な官邸権力を背景とした法案作成がもたらした今回の件は重要な問題といわざるをえないであろう。

同様の事態は出入国管理・難民認定法の改正についてもいえる。先に「一億総活躍社会国民会議」に触れたが、同会議の報告のなかに「外国人材の受入れ」が記された。また「働き方改革実行計画」においても「外国人材の活用」が提起されている。これにもとづき政権は二〇一九年四月から「外国人材を受け入れる」として、一八年六月一五日に新たな在留資格の法定化を閣議決定した。そして官房長官と法務相をトップとするタスクフォースによる出入国管理法の改正作業を急いだ。これは介護や建設など一四分野を対象とする単純労働に従事する外国人労働者を導入するために、新たな在留資格(特定技能一号、二号)をもうけるものである。法案は一八年一一月二日に臨時国会に上程された。まさに官邸主導の法案作成である。この審議過程で移民導入をはかるのか否かが問題視されるとともに、彼らの労働条件が議論された。法務省は二〇一四年から「技能実習生」の労働条件について聴取・調査しており、その二〇一七年分の調査をもとにして最低賃金以下が〇・八%、二二人だとした。だが、野党は聴取票の開示を要請しその結果を分析した。それによると二八七〇人のうち一九三九人、六七・六%が最低賃金割れであると推計された。結局、法務省のいう数値は失踪動機の項目から「最低賃金以下」を選んだケースを集計したものであった。ここでもまた、法務省の入国管理局官僚は、政権の意思を実現するために立法根拠(エビデンス)の操作を行ったのではないか、と批判された。

法律案の作成・国会審議にあたって立法根拠(エビデンス)が「デタラメ」であれば、そもそも「法律による行政」は成り立たない。政権が重視する政策にかかる法律案は、いうまでもなく重要法案である。これらが以上のような問題をかかえている要因は、多面的に考察されねばならない。それについては、本書の最後にあらためて考察しよう。ともあれ、ここで述べておきたいのは、政権主導の法案作成という新たな事態が、立法根拠との関係で無視できない問題状況にあることだ。

●—国会審議の実際

内閣が閣議決定した予算案や法案は国会に送られる。予算案は衆議院先議だが（憲法第六〇条）、通常の法案については衆議院、参議院のどちらの院から先議するかは、法的になんら規定されていない。与野党の国会対策委員長の会議で決定される。

表3　衆参両院常任委員会

衆議院	参議院
内閣委員会	内閣委員会
総務委員会	総務委員会
法務委員会	法務委員会
外務委員会	外交防衛委員会
財務金融委員会	財務金融委員会
文部科学委員会	文教科学委員会
厚生労働委員会	厚生労働委員会
農林水産委員会	農林水産委員会
経済産業委員会	経済産業委員会
国土交通委員会	国土交通委員会
環境委員会	環境委員会
安全保障委員会	国家基本政策委員会
国家基本政策委員会	予算委員会
予算委員会	決算委員会
決算行政監視委員会	行政監視委員会
議院運営委員会	議院運営委員会
懲罰委員会	懲罰委員会

現在の日本の国会は明治憲法時代と異なって両院とも読会制を軸とした本会議による法案審議を基本としていない。法案審議の基本的舞台は、ほぼ中央府省の編成に対応してもうけられている常任委員会である（表3）。常任委員会にくわえてその時々の重要問題や重要法案について特別委員会が設置されることがある。ただし、予算委員会は、その名称のとおり内閣が提出する年次予算案の審議を設置主旨とするが、実際上はあたかも「ミニ本会議」のように国政全般の重要課題や問

題状況について論戦が展開されており、特別委員会での議論と重複することが少なくない。

常任・特別委員会のチェアパーソンである委員長を与野党のどちらが握るかは、基本的に与野党の議席数によってきまる。内閣に属す議員（閣僚、副大臣、大臣政務官、内閣官房副長官や補佐官など）以外の議員は、すべていずれかの常任委員会に所属することになっている。したがって、それぞれの政党は、議席に応じて割り振られた委員数をもとにして、委員会の定数（最大は衆院予算委員会の五〇人）、委員会の重要度、議員の党内的地位や政策指向・選好などに配慮しつつ、所属議員の帰属委員会をきめる。こうした各政党による所属委員の決定があると委員会の委員長がきめられる。政党の議席数からいってすべての委員会において与党が多数を占めることもありうるが、そのばあいでも、与党がすべての委員会委員長を独占するとはかぎらない。委員会の委員長や理事の決定は議院運営委員会できまるが、実際には各政党の国会対策委員長の会議において協議と調整がはかられる。その結果、一部の委員会の委員長を野党に割り振ることもあれば、与党がすべての委員長を独占したばあいには、特別委員会の委員長を野党に割り振るといった与野党間調整がはかられることもある。

内閣提出法案が国会に上程されると、それらをどのような順番で、どの程度の時間をかけて審議するかは、これもまた各政党の国会対策委員長の協議を踏まえて議院運営委員会できめられる。ただし、一月に召集される通常国会では、次年度予算の審議が何よりも優先される。法案の審議は予算審議の終了したのちに開始されるのが一般的である。

衆参両院の委員会における法案審議過程では、内閣（所管省の大臣）にたいして与野党の委員から質問が行われる。各政党および委員の質問時間は、委員会の理事会において各政党の議席数を基本として決定される。

ところで、先に政権党である自民党の「与党事前審査制」について述べた。この政権党におけるインフォーマルな法案審議の結果、国会委員会における与党委員の質問は、多分に「儀式」であり「追認」の色彩が濃いと従来から批判されてきた。だが、七年余におよぶ安倍政治のもとでは、政権主導の法案については与党事前審査制は機能していない。各省所管・主導の法案についても、与党事前審査は、かつてのようなきびしさをもたなくなっているとされる。与党議員の質問は、より一段と「追認」、もっというと「翼賛」の色彩が濃くなっている。これは安倍政治のもとで与党にたいする官邸パワーが強化された結果であるといってよい。

こうした状況下で立法機関としての国会の活性化に期待が寄せられるのは野党の役割である。野党側委員は法案の問題点を声高に追及することもある。とりわけ政権主導の法案についてはきびしい質問が閣僚に浴びせられる。ところが、委員の質問については、前夜までに所管省の若手キャリア組官僚が質問予定者に接触し、その内容を把握することが慣行とされてきた。そして想定される質問と回答案を作成し当日の朝に大臣にレクチャーすること（ご進講）が行われている。大臣らが答弁にさいしてみている文書やメモは、官僚の作成した一種の「模範答案」である。だが、これすら理解していない大臣がときにあらわれることもあれば、事前の通告がないとして答弁を拒否する閣僚もいる。

国会法は二〇〇〇年まで各省の局長級官僚が政府委員として委員会に出席することを認めていた。委員の質問に大臣が直接答えず政府委員に答えさせる光景は、委員会審議の常態であった。しかし国会審議の活性化をはかるためとして政府委員制度は廃止され、各省官僚が関連委員会に出席するさいには、参考人として委員会理事会の承認をうけなくてはならなくなった。しかしながら、こうした改革が委員会審議を活性化させているとはいえないであろう。このことは、衆参両院において与党が多数を占めるだけでなく野党が少数分立していること、官邸のパワー強化によって与党内の議論が劣化していることなど政治的状況が多分に反映していることにくわえて、国会運営がインフォーマルな与野党間協議に負っていることの結果でもある。法律という政策実現の重要な規範を審議するためには、国会の改革は重要な政治課題であり、政治の真摯な努力が問われているといわねばならないだろう。

●――法の抽象性と政省令

法律は政策の重要な規範だが、政策実施の規範として活用していくためには、より細部にわたる規範をともなっていなくてはならない。もともと、法律が規範としての効力をもつためには、適度の抽象性を必要とする。つまり、想定しうるあらゆる事態に対応するためとして詳細をきわめる法律をつくったところで、しょせん人間の想像力には限界があり、制定時に想定できなかった事態が生じる可能性がある。そうかといって、高度に抽象的な法律もまた法適用の対象の特定ができず規範性をもたない。立法政策論としていえば、抽象性の「適度」をどこに設定するかが、重要なポイントとなる。

法がもともとこうした抽象性をそなえていればこそ、個別の事態に対応した政策実施のためには、法の下位規範としての政令・省令を必要とする。さらにそれらを前提として執務のマニュアルとしての告示、規則、通達、通知などを必要とする。法体系を氷山にたとえるならば、国会において審議の対象となる法律は水面上の部分にすぎず、水面下により詳細な部分が隠されていることになる。

ところで、以上は法体系の構造について述べたものである。考えておきたいのは、こうした法体系の構造が政治（政権）や官僚機構によってどのように扱われているかである。

先に政権主導の法律作成について述べたが、政権が重視する法律に目立っているのは、法執行の「肝心」の部分が、法本体に「政令ないし省令で定める」とされていることだ。安保法制における自衛隊派遣の条件は、ことごとく政令・省令事項である。働き方改革一括法のさだめる「高度プロフェッショナル」制度の「高度プロフェッショナル」の内容は法本体に規定されず省令にゆだねられている。労働基準法の適用を除外する職を法律事項としないことは、この制度が際限なく拡張していくことを意味しよう。出入国管理法のさだめる「特定技能一号、二号」も、どのような内容の職がこれに該当するかは法案段階で政令・省令事項とされた。野党やマスコミの多くは、こぞって「中身スカスカ法案」と批判した。これは的を射た批判だろう。法の核心部分を政令・省令によると法案段階から規定するならば、何のための法案審議だろうか。それればかりか、核心部を政令・省令事項とすることは、その決定を政権および官僚機構の裁量にゆだねることであって、「法律にもとづく行政」から逸脱しているといえよう。

先に述べたように、法律の成立後、詳細規定を政令以下にゆだねることには、まったく合理性がないわけではない。ただし、これまでは法本体と政令等との整合性が問題視されてきた。だが、法の肝心な部分を法案段階から政令・省令事項とすることなど、なかったといってよい。安倍政権の民主政治についての思考が問われるといわねばならない。さらに、従来の議論を踏まえていうならば、少なくとも政令は国会の審査対象とするべきであろう。政令・省令は「委任立法」といわれるけれども、その作成を行政の裁量事項とすることは、法の目的の「換骨奪胎」をうみだしかねないのである。立法機関によるコントロールを必要とする所以である。

4 予算作成のプロセス

予算のライフサイクル

政策の実施手段として財源のもつ意味はきわめて大きい。事業の実施に要する経費、物品などの調達だけではなく、人員の確保もまた財源によって裏づけられる。このばあい財源というのは、歳出予算に計上されている支出額に対応したもののみを指すのではない。歳入予算は、基本的にその年度における税収をはじめとした収入を予測したものだが、税制上の政策として租税特別措置が講じられている。これは特定の施設や事業について税の減免を施すものであり、政策誘導の「隠れた財源」である。そしてまた政府金融として展開される公的資金の融資もまた重要な財源である。さらに、のちに詳しく述べる後年度負担としての継続費や国庫債務負担行為もまた財源となる。

こうした財源は、そのいずれかが個々の事業の財源となっているのではなく、ひとつの事業の財源として複数が組み合わされている。それだけに、実際の予算編成過程においては、事業の実施を重視する要求側と、それを抑制しようとする査定側のあいだで、財源の構成をめぐるきびしい攻防戦が展開されてきた。したがって予算は、本体ともいうべき歳入・歳出予算だけでなく、政府金融計画をふくめたひとつの会計年度における財政計画として捉えておくべきであろう。それゆえ、予算の全体像を分析するならば、政府がいかなる政治・政策指向によって行動しようとしているかを知ることができる。

いずれの国でも予算は法律ないしそれに準じるものとして扱われている。日本のばあい、予算案の編成と国会への提出権は内閣のみがもつ。財政法第一四条は、「歳入歳出は、すべて、これを予算に編入しなければならない」とさだめており、内閣の作成する予算は行政府の予算のみではなく、立法府、最高裁判所を頂点とする司法府、憲法に存立を規定されている会計検査院、国家公務員法に根拠をもつ人事院の予算をふくむ（ただし、立法府以外のこれら機関は、予算を編成し内閣に送付する。内閣側に異論があるばあい、内閣は理由を明示して予算を作成し、双方を国会に送付する――これを二重予算という）。これらにくわえて、設置法が国会の議決を要するとさだめている特殊法人の予算も内閣によって国会に提出される。

予算が国会で議決され成立しても、それで事業の実施にすぐに結びつくわけではない。成立した予算は内閣によって各省に配賦される。さらに各省内部に配賦されたのちに各部局は事業実施のための事業計画書をつくらねばならない。これらは四半期ごとに支出負担計画の支払計画書として財務省に提出し、閣議の承認を必要とする。中央各省の事業は直轄事業とはかぎらない。自治体をはじめ民間団体に補助

図5　予算のライフサイクル

		（主な事項）
予算の決算の政治的統制	2018年度予算	内閣，検査報告書を国会に提出 決算審議 決算の承認
予算の決算	2019年度予算	各省庁，歳入歳出決算書を財務省に提出 財務大臣，歳入歳出決算書を会計検査院に提出 会計検査，会計検査院長決算検査報告を首相に提出
予算の実行	2020年度予算	内閣による予算の配分 支出負担行為の支配計画書の提出と閣議承認 契約，支払い
予算の準備	2021年度予算	概算要求基準の閣議決定 概算要求・ヒアリング，査定 財務省原案の内示 予算案の閣議決定・国会提出 国会の議決を承認

や融資として交付される（移転支出という）。これにも細かな統制がくわえられる。そして、事業完成後の検査、会計年度終了後の決算、さらに決算の政治統制が続く。

この全過程を予算過程とよんでおこう。予算過程は編成・議決（準備）、実行、決算、決算の政治的統制という四つのライフステージからなっている。つまり、一会計年度の予算は、足掛け四年間のライフサイクルをへて寿命を終えることになる。一般にこれは予算循環（budget cycle）といわれる（図5）。いずれの国の予算に関する法・行政制度も、その精密さや各ライフステージにおける第一義的統制主体に違いがみられるものの、この予算循環を基礎としてつくられている。

●—予算の構成

内閣が作成し国会に提出する予算は、マスコミが大きく報道する歳入歳出のみではない。予算は財政法第一六条にもとづき予算総則、歳入歳出予算、継続費、繰越明許費、国庫債務負担行為からなっている。このすべてが国会の議決対象である。

予算総則とは、予算書の冒頭におかれる条文形式の予算に関する総括的規定である。そこに記載されるべき事項と範囲については、財政法第二二条にさだめられており、当該年度の予算の総括事項、公債・借入金の限度額、公債・借入金によって賄う公共事業費の範囲、日本銀行の公債引受および借入金の限度額、財務省証券の発行限度額、災害の復旧や緊急の必要があるばあいの国庫債務負担行為の限度額、所管組織間の歳入の移動・移管の限度額などとされている。

歳入歳出予算は当該年度における予算の中心である。当該年度の税収入、公債発行予定額などによる収入見積もり（歳入予算）と、支出の主体と内容別の支出額（歳出予算）から構成される。歳入予算はあくまで収入の見積もり額だが、歳出予算は国会の議決をへて成立すると、支出権限と支出上限額を所管する行政機関にあたえるものである。歳入予算は主管行政機関ごとに性質別に款―項―目、歳出予算は、所管行政機関の組織ごとに目的別に項―目―細目に枝分かれしている。歳入予算が行政機関を「主管」とよび、歳出予算が「所管」とよんでいるのは、執行責任の違いによる。歳入予算では財務相が全面的に執行責任を負っており、「主管」庁の長は、たんにそれを管理しているにすぎないが、歳出予算の「所管」庁の長は執行責任（権限）をもっている。いずれにしても、国会における予算議決の対象となっているのは項までである。そこで一般に項までの予算科目は議定科目（立法科目）とよばれ、目以下は行政科目とよばれる。

継続費と繰越明許費は、単年度主義を原則とする予算の例外事項である。継続費は大規模公共事業や兵器などの物品の調達にあたって、あらかじめ経費の総額と年度割りの見積もり額を見積もり、国会の承認をうけておくものである。期間は最長で五年である。ただし、継続費としての議決をうけていても年度割り額は、当該年度の歳出予算に計上され国会の議決をうけなくてはならない。一方、五年という長期間を要さないまでもその年度内に事業が終了しないケースもありえ、単年度主義を厳格に適用すると不用額がでるか、歳出限度額まで使い切ってしまうような非効率がうまれるおそれがある。繰越明許費とは、こうした事態をさけるために、あらかじめ次年度への繰越しを必要とする歳出額について、国会の議決をうけておくものである。繰越額は次年度の歳出予算に計上されねばならない。

国庫債務負担行為とは、次のような意味である。憲法第八五条にもとづいて内閣はあらゆる債務の負担について国会の承認をうけなくてはならない。ただし、歳出予算や継続費の範囲および法律によって認められているものは例外とされている。これら以外にも内閣は、政策上の必要性や緊急の災害復旧などによって将来国の支出をともなう行為（工事請負契約、貸借契約、物品購入契約、債務保証など）を必要とするときがある。このようなばあい、内閣は国会の承認をうけた範囲内で債務契約を民間と結ぶことができる。契約期間は最長で五年である。これを国庫債務負担行為という。そして、現金支出が必要とされるときには、その年度の歳出予算に支出額を計上し、国会の議決と承認をうけなくてはならない。

継続費と国庫債務負担行為は、後年度負担（将来の歳出の先食い）といわれる。後年度負担額が増加すれば、それだけ当該年度における歳出予算の弾力性が失われる。だが、これらにもまして歳出予算そのものが歳入予算における多額の国債発行によってささえられ硬直化している。国債はいうまでもなく国の債務であるから返済せねばならない。予算科目における「公債費」とは、当該年度における国債の元利償還金だが、これが歳出額の三割近くを占めるのが現状である。

この問題については、先に一部触れているが、若干、再論しておこう。財政法第四条は、国の歳出は公債ないし借入金以外の収入をもって賄わなくてはならないとしている。アジア・太平洋戦争時に大量の戦時国債が発行され、敗戦後のすさまじいインフレーションを引き起こした反省に立つ規定である。ただし、その但し書きにおいて出資金、貸付金、公共事業費については、国会の議決と承認をへた範囲内において、借入金ないし公債をもってその財源とすることができるとした。この例外規定のうち、出資金および貸付金については当然の経済原則を述べたものである。公共事業費については理論的にいうかぎり世代間の負担の平等をはかるためである。もっとも、公共事業費に充当する国債（建設国債）が、実際の政治・行政において理論に忠実に運用されてきたとはいえない。

それはともあれ、財政法第四条のさだめる国債（「四条公債」ないし「建設国債」）とは別に、経常経費に充当する国債が発行されてきた。財政法上認められない公債を発行するために政府は、毎年度財政法の特例法を国会に提出し、国会の承認を発行の根拠としている。それゆえ、この経常経費に充当する国債は、「特例公債」ないし「赤字国債」とよばれている。四条公債および特例公債の累積額は前掲の図4のとおりだが、これは日本の公共政策のあり方を考えるさいに無視できない制約条件となっている。

●―予算の編成作業とフレーム

さて、実際の予算がどのように編成されているかをみていこう。ここにも近年、大きな変化がうまれている。それについては追々述べていくが、少なくとも各省レベルにおける予算の編成作業は、組織の末端からの積み上げ方式を特徴としている。つまり、各省は次年度概算要求を係、課、局と積み上げていき、八月末日までに財務省に提出する概算請求をまとめる。

この概算要求をまとめるそれぞれのレベルには、要求側と査定側が存在する。政府全体のレベルでいえば、各省が要求側であり財務省（主計局）が査定側である。この関係は各省内部においても同様である。したがって、予算編成作業の特徴は、組織末端からの積み上げと、それぞれのレベルにおける要求側と査定側の対抗関係であるといってよい。

こうした特徴をもつ予算の編成作業は、各省の内部において新年度のスタート直後から開始される。財政は政府の権力的経済活動だが、事業官庁は自らの資源の拡充をたえず指向する。しかし、政府の利用できる資源は、たとえ巨額に公債を発行するにせよ有限である。したがって、事業官庁の要求を抑制し政府レベルの予算編成に一定の秩序をもたらさなくてはならない。同時に執政部である内閣は、年次予算に自らの政策指向を反映させようとする。そこで内閣は予算のフレーム（基本的枠組み）を定め、官僚機構の行動を制約していくことになる。

予算のフレームに関する指針ないし計画はいくつもある。それらを列挙すれば、次年度予算に関する概算要求基準、次年度経済見通し、財政の中期展望、税制改正大綱、地方財政計画や地方債計画、さらには政府金融の大枠をしめす財政投融資計画などである。しかし、これらのうち予算の編成作業を拘束しているのは、概算要求基準である。

●―概算要求基準と政権主導

各省の概算要求に一定の上限（シーリング）を設定する概算要求基準（一九六一年度から八四年度までは「概算要求枠」とよばれた）を内閣がもうけたのは一九六〇年であり、六一年度予算の予算編成から適用された。もともとは、かなり簡素であり概算要求における対前年度増分率をしめすものであった。というのも、概算要求枠の導入される前年の一九六〇年度予算についてみると、概算要求額は内閣の決定した予算額の二倍であった。いわば各省は「ふっかける」ことによって少しでも多額の予算を獲得しようとしたのだ。その後、七〇年代末までは、対前年度増分率は次第に抑制されていった。そして、八〇年代に入ると、ゼロシーリング、マイナスシーリングとよばれるように、概算要求基準は減分予算を前提とするようになった。さらに九〇年代に入ると、マイナスシーリングを基本としつつも、投資的経費に数々の「特別枠」がもうけられるようになる。この背景には、大枠での総量抑制にたいする自民党内族議員集団の反発や、経済不況脱却のために大型の財政投資を必要とするという議論の台頭がある。概算要求基準は、特別枠が次々ともうけられることによって、予算の総量抑制のためのフレームといった性格を失っていったといえよう。

ところで、予算の概算要求基準は二〇〇一年度予算の編成まで大蔵省（現財務省）最高幹部と首相・政権党幹部との「密室」での協議のもとに決定されてきた。大蔵省主計局長は、新年度予算が実行に移され、永田町が平穏を取り戻した六月に大蔵大臣とも打ち合わせのうえで、首相と自民党三役（幹事長、総務会長、政務調査会長）を個別に訪ね、次年度予算の骨格を説明した。さらに七月に入ると概算要求基準の原案を首相らに説明した。もちろん首相や政権党幹部らの政治的意向を窺い知ろうとするものだが、概算要求基準は、「官僚主導」のもとで設定されていたといってよい。

ところが、二〇〇一年の行政改革を機として財務省主導の概算要求基準の設定は崩れ去ったといえる。二〇〇一年四月の行政改革によって内閣府が新設されたことは、先に述べた。内閣府には首相はじめ関係閣僚および民間人議員からなる四つの諮問会議がもうけられた。このうちの経済財政諮問会議は、①首相の諮問に応じて経済全般の運営の基本方針、②予算編成の基本方針その他の経済財政に関する重要方針、などを審議するとされた。二〇〇一年四月に成立した小泉純一郎政権は、経済財政諮問会議を積極的に活用した。「経済財政運営と改革の基本方針」（いわゆる「骨太の方針」）を毎年ほぼ六月に経済財政諮問会議の議決をへて閣議決定し、次年度の予算政策の基本をさだめた。概算要求基準はこれにもとづき閣議決定され各省に示達された。こうして、財務省主導体制は崩れたのだが、それでも小泉首相の最大の政治的関心が郵政事業の民営化におかれていたこともあり、財務省の影響力がまったく低下したわけではなかった。

小泉政権後の第一次安倍晋三、福田康夫、麻生太郎の各政権は、いずれも短命に終わり経済財政諮問会議を活用して予算政策を決定する条件を欠いた。二〇〇九年七月の政権交代で登場した民主党政権は、経済財政諮問会議をまったく活用しなかったが、一方で官僚機構と「敵対」し体系ある予算政策を提示できないままに終わった。

二〇一二年一二月に成立した第二次安倍政権は、経済財政諮問会議を再稼働させ、毎年「経済財政運営と改革の基本方針」を経済財政諮問会議の議をへて決定している。だが、同会議の民間議員には首相にきわめて近い者はいない。また政権が成長戦略を最重要課題として掲げることもあって第二次安倍政権が新たにもうけた未来投資会議（第二次政権発足とともにもうけた日本経済再生本部を一六年九月に廃止し、新たに設置）や規制改革推進会議が経済財政政策のあり方に影響力をもっている。結局、安倍政権の予算政策を体現する概算要求基準は、こうした「ブレーン機関」の議論を踏まえて内閣府官僚が首相をトップとする政権の最高幹部と協議し、閣議了解としてまとめるものとなっている。

二〇二〇年度予算についての概算要求基準の内容を概括しておこう。まず、安倍政権の概算要求基準に特徴的なのは、歳出の上限額をさだめないことだ。第二次政権発足から七年連続で上限額を設定していない。そのうえで概算要求基準は、①公共事業などの「裁量的経費」を前年度当初予算の九〇％の範囲内で要求できる、②人件費および法令等で支出をさだめる扶助費や防衛関連経費などの「義務的経費」は前年度と同額を要求額とする。減らしたばあいは、その分を裁量的経費として要求できる、③成長戦略に関する特別枠は総額四・四兆円とし、各省は裁量的経費を減らした額の三倍の範囲内で要求できる、④社会保障費は、高齢化などによる自然増を五三〇〇億円としその分を加算した要求を認める、

⑤消費税の税率引き上げの増収分で行う社会保障施策の増加額については予算編成過程で検討する、というものである。

この概算要求基準の枠組みは、基本的に政権発足以来変わっていない。成長戦略に関する特別枠の中身は、未来投資会議の議論を踏まえて二〇一八年に閣議決定された「未来投資戦略二〇一七」でしめされているような人材投資、地域経済・中小企業・サービス産業の効率化関連事業が予算要求され、政府予算に組み込まれた。予算の編成は、官邸パワーの強化を反映して、財務（大蔵）省主導から「官邸主導」へと大きく変化している。概算要求基準は予算のフレームを示したものだが、政権主導であるだけにシーリング（上限額）のきびしさが失われているといってよい。

ところで、二〇一九年度当初予算は一〇〇兆円を超えていたが、二〇二〇年度も当初予算で一〇二兆六五八〇億円である。さらに、新型コロナウイルス禍への対策として二〇二〇年四月三〇日に二五兆五六五五億円の第一次補正予算が、続いて六月一二日に三一兆九一一四億円の第二次補正予算が成立した。このことは、おそらく基礎的財政収支の黒字化を次々と先送りすることになるであろう。

●―政府予算案の決定と復活折衝の廃止

安倍政権の概算要求基準では政権が主要課題とする成長戦略に関する特別枠がもうけられている。各省の予算編成作業は、先に述べたように、新年度のスタートからほどなく始まる。それは組織の底辺から積み上げていくものである。次年度予算といっても、義務的経費の計上はまぬがれないし、各省の根幹にかかわる事業は継続せねばならない。そのようななかで、各省ともに、特別枠に適合した事業と財源に腐心することになる。とりわけ、特別枠に関して概算要求基準が各省の義務的経費や裁量的経費を削減したばあい、削減分の三倍を特別枠に充当できるとしているから、いかなる既存事業に切り込むかは、省内部の編成作業の重要関心とされる。これらにくわえて関係する議員や利益集団の「抵抗」の強弱を勘案しつつ最終的に決定される。こうして組織の底辺から積み上げられた予算は、各省大臣の決裁をへて八月末日に財務省に送られる。ただし、二〇二一年度予算の概算要求については、新型コロナウイルス禍への対応のため九月末日までに財務省に送付すればよいとされた。これは「特例」とされており、以下の記述は従来の日程による。

財務省において予算の査定をになうのは主計局である。主計局には局長のもとに三人の次長がおかれている。局次長はそれぞれ担当行政分野を異にしている。局次長のもとには一二人の主計官（課長級）が配置されており、このうち九人の主計官が分掌して省などの予算査定にあたる。他の主計官は総務、法令担当などである。予算査定を分掌する主計官のもとには主査（係長級）が配置されている。

主計局による各省にたいするヒアリングは一〇月初めから始まる。ヒアリングを担当するのは主査である。一方の要求側の出席者は省の予算を管理する大臣官房予算課長でもなければ局の総務課長でもない。予算要求した局の担当課長をはじめとした関係者である。これとは別に、局の総務課長は担当主計官に重要政策事業を説明する。

こうしたヒアリングは、ほぼ一一月まで行われるが、この間に主計官と主査の会議が繰り返され、さらに担当局次長をふくめた会議で整理されていく。そして主計局長のもとで局議が行われ、次年度予算の骨格が決定される。一二月初旬には次年度予算の予算編成大綱が閣議決定される。この前後には内閣として重視する政策・事業について大臣折衝が行われる。一二月二〇日前後に財務省原案が内示され、さらに大臣折衝をへて同月二五日頃に、政府としての次年度予算が閣議決定される。

ところで、こうした政府予算の編成作業は、二〇〇八年以降のものである。それ以前と決定的に異なるのは、政府予算編成の最終局面を彩り「風物詩」といわれた復活折衝が廃止されたことである。

二〇〇七年までは、一二月二〇日頃に先にみた財務省（大蔵省）の予算査定作業が終了し、「財務省（大蔵省）原案」が各省に内示された。そして四日間という期間を限定した復活折衝が展開された。財務省（大蔵省）原案の内示をうけた各省は、何を復活折衝の対象とするかを関係する族議員集団や利益集団との協議をもとにきめた。各省から提出された復活要求案についても概算要求と同様に主計局の主査のヒアリングが行われた。ただし、このときの各省のヒアリング対象者は局の総務課長である。ここでは次の主計官と局長との折衝にゆだねる事項がきめられ、それ以外の部分は二次内示とされ合意された。主計官と局長との折衝、次に主計局長と事務次官との折衝、さらに大臣折衝という具合に、官僚制の階段を上る折衝が展開され、各段階で復活が合意されていった。それでも決着のつかない重要政治事項については、首相、財務大臣、関係大臣、自民党三役らの協議にゆだねられ、最終的に一二月二五日前後に政府予算案が決定された。

こうした復活折衝が展開されるなかで、霞が関周辺においては族議員に主導された利益集団の大規模集会が行われ、各省への陳情とも応援ともつかないデモ行進などが実施されたのである。それはかぎられた期間内にかぎられた財源の争奪戦を展開させることによって、運動への自己充足感を抱かせつつ政治的合意を調達する「政治的儀式」であったといってよい。

さかのぼれば、一九七六年度予算までは、復活折衝に回す財源は、重要経費別にしめされる大蔵省原案のなかに隠されていた。しかし、財政の逼迫とともに復活折衝に回せる財源はかぎられるようになる。そこで七七年度からは公開復活財源方式に変更された。だが、その財源も次第に縮小せざるをえなかった。そして、二〇〇八年に当時の麻生政権は、〇九年度予算編成における復活折衝を廃止し現行の方式へと変更した。民主党政権の三年間を挟んで再登場した安倍政権もこれを踏襲している。

こうした変化は、ひとつには日本の財政の「破綻」状況にも近い逼迫をしめすものだが、同時に繰り返し述べてきたように安倍政権への対抗勢力が急速に弱まったことを物語っている。政府予算の決定についての官僚主導体制は大きく変化したといえよう。

さて、こうして編成された政府予算案は、一月二〇日前後に召集される通常国会の最大の焦点となる。ただし、内閣提出法案と同じく、よほどの重大な政治的事件や経済変動でもないかぎり、新年度のスタート前に国会で成立する。この成立が難しいと判断されるとき、政府は期限を切った暫定予算を組み国会の議決をへて実行する。当初予算が国会で成立し実行に移されれば、暫定予算はそれに吸収される。

ところで、これまで述べてきたのは、新年度とともに実行される当初予算についてである。だが、年度途中に経済変動や大規模災害が発生し、新たな財政出動が必要となり、当初予算では対応できない事態が発生することもある。このようなとき政府は、補正予算を組み臨時国会に提出して成立をはかる。したがって、〇〇年度予算の規模や内容を考察するためには、年度末に明らかとなる補正された予算を対象とせねばならない。

補正予算が、それなりに「合理的」理由で組まれることは事実であるが、「補正予算の政治学」といった側面にも注目しておきたい。歳出予算のばあい、社会的対立の深刻な事業予算を補正予算に回すこともある。歳入予算についていうと、税収等はあくまで予測（見積もり）値である。年度途中に「歳入欠陥」が明らかになったとして、補正予算を組み公債の発行増額をはかることがある。政権にとって当初予算の「見かけ」（すがた）は重要関心事であるからだ。補正予算がこうした使われ方をするのは、当初予算ほどには政治的にも社会的にも関心がもたれないからだといってよい。

＊　　　＊　　　＊

法律も予算も公共政策の目標・対象・手段の一部分ではあるが、国会の議決と承認を必要としているから、それがもつ規範力はきわめて大きい。それだけにその時々の政権の政治・政策指向が端的に具現されるといえる。ただし、法律も予算も、まさにその実施過程において具体的なすがたをあらわす。次章においては政策の実施について考察することにしよう。

3章 政策の実施

1 政策の実施過程と活動主体

政策の実施がきめる政策の実質

公共政策の実施過程には、実に多数の活動主体がかかわりをもっている。政策目標とそのための手段などが整えられ実施に移されたからといって、自動的にあるいはスムーズに目標が達成されるわけではない。実施過程に登場する多数の活動主体の動向に左右される。

たとえば、二〇一一年三月一一日に発生したマグニチュード九・〇の巨大地震によって、東京電力福島第一原子力発電所の四基の原子炉が破壊された。放出された放射性物質は人体、大気、土壌、海洋に甚大なダメージをあたえた。この原発の過酷事故を機として太陽光、風力、地熱などの再生可能ェネルギーによる電力への関心が一挙に高まった。二〇一二年に再生可能ェネルギーによる発電を促進するために、再生可能ェネルギーによるすべての電力を高値で買い取る固定価格買取制度（ＦＩＴ）がスタートした。

この新しい政策の実施にはきわめて多数の活動主体が登場した。ＦＩＴの所管省である経済産業省（経産省）や東京電力、関西電力といった大手電力会社はいうにおよばない。大規模太陽光発電や大規模風力発電を営む多数の電力会社が登場した。それだけでなく、農業者や市民もＦＩＴ制度を利用して太陽光発電を導入した。大手電力会社はこれら再生可能ェネルギーによる電気を最長二〇年間買い取らねばならない。経産省は、導入量の大きい事業用太陽光発電の買取り価格を年々引き下げてきたが、新規事業者にとっては経営の悪化との危惧が漂う。かりに、ＦＩＴが廃止されたならば、新規事業者は自力で販売先を開拓しなくてはならない。それだけでなく、この買取り価格の一部は、「賦課金」としてすべての家庭の電気料金に上乗せされている。電気料金を支払う市民は組織をもっていないが、賦課金の徴収には異論も根強く存在する。

再生可能ェネルギーによる電力供給の拡大がＦＩＴの政策目標ではあるが、それは新たな市場をつくることでもあった。ＦＩＴは発足から八年をへる今日、活動主体間の「相克」によって大きく揺らいでおり、政策実施のシステムの再検討が問われている。いわば、事業発足時に世論の大きな支持を得た政策事業も、実施過程で制度化されていくと政策目標の達成を難しくする条件をうみだしていくのである。

公共政策の実施過程には、政策の準備過程にもまして政治的・経済的利益が渦巻き当初の政策目標自体を変容させてしまうこともある。この意味で政策の実施は公共政策の考察に欠くことのできない領域であるといえる。本章と次章では政策の実施に焦点をあて、実施主体の行動規範、実施主体が相互に織りなす行動、実施をになう職員の活動などをみていくことにしよう。

●―政策・施策・事業

ところで、1章で政策の実施に触れたが、これまで本文中で使用しつつも明確に説明してこなかった言葉がある。それらは施策（program）、事業（project）である。これらの言葉は政策・施策・事業といったように一連のつながりをもって語られることが多い。つまり政策体系は高次の目標を頂点として施策・事業の体系となっていることを物語っている。

たとえば、安倍政権は二〇一八年七月に第五次エネルギー基本計画を閣議決定した。そこでは、太陽光や風力の再生可能エネルギーを「主力電源化」するとして、その二〇三〇年度の構成比を二二～二四％とするとした。一方で原子力発電をベースロード（基幹）電源と位置づけ二〇三〇年度のその構成比を二二～二四％とした。

二〇三〇年度に原子力発電の構成比を二四％程度とするためには、三〇基ほどの原発を稼働させなくてはならない。このためには既存の原発のいくつかを再稼働させるとともに、新規の原発を建設せねばならない。三・一一過酷事故をへた今日、原発プラントは安全性を社会的に説得しうるものでなくてはならない。立地地点の選定、周辺自治体の住民の合意を調達せねばならない。

これらは政策目標を実現していく過程を簡略化したにすぎないが、このことは政策手段がある特定の活動のパッケージであることを示している。一般に、施策は行政サービスの生産・供給の仕組みについての設計であり、事業は内容の確定した個別の行政サービスの生産・供給活動であるといってよい。この意味で施策は事業の上位概念である。しかし、実際問題として施策と事業を明確に線引きする基準があるわけではない。

ともあれ、こうした政策・施策・事業という連鎖からみるならば、政策の実施は施策・事業の立案―決定―実施なのである。そして、これらの施策・事業の企画・設計にあたっては、政策の高次の目標と現実の問題状況をいかに関連づけて捉えるか、法律にさだめられた権限、権限行使の基準や手続きをどのように具体的に適用するのかが問われる。言い換えれば解釈の裁量の問題である。また予算が大括りの分野ごとに承認している歳出上限額を、施策・事業の必要度に応じていかに具体的に配分するのか、さらには実施機関の使える人員の総量と割り振りなどが、総合的に勘案されていかねばならない。したがって、こうした作業は、行政機関にとって政策の立案・作成にも増して難題であり複雑な思考を要するといえる。逆にいうならば、その質が政策目標の実現の成否をきめるといってよい。

●―新規政策と既存政策の修正・微調整

政策の実施といっても、当然のことながらすべてが新規の政策ではない。実際、一見したところ新規政策とみえ、実施機関も新規政策として意義を強調する政策であっても、既存政策の修正が大半を占めているといってよいだろう。政策の準備と実施をになう行政機関の側からみるならば、まったくの新規政策の立案と実施にかかるコストは、政治的にも活動面でもきわめて大きい。ここに1章で述べた漸増主義モデルが現実性をもつ理由がある。

ともあれ、新規政策の装いを凝らしつつも実態としては既存政策の修正であるという事態は、施策・事業のレベルにおいて行われているといってよい。たとえば、二〇一七年の衆院総選挙後ににわかに展開された政策に地方創生がある。中央政府は地方創生のマニュアルをしめし、自治体に地方創生戦略の作成を指示した。そして、その実施に要する財源を交付するというものだ。地方創生政策の目標とされているのは、過密と過疎の人口構造を是正し、地方とりわけ「疲弊」しているとされる地方をよみがえらせようとするものである。しかし、この政策目標は、一九六〇年代より掲げられてきた。そして中央が施策・事業のマニュアルをしめし、自治体がそれにそった事業を展開するように財政的誘因をもうけるものである。「地方創生」という言葉に「目新しさ」があるとしても、政策体系自体に斬新さは存在していない。二〇一七年から一八年にかけて自治体は、競って地方創生戦略を策定したが、急速に熱が冷めている。「地方創生」なる言葉は新たにつくられたが、施策・事業の手法に「新鮮味」が欠けるのである。

さらにまた、政策の実施過程においては、より実務的な修正や微調整が行われることがある。たとえば、介護保険による要介護者の認定は、要介護1から5の五段階でスタートした。だが、二〇一二年に「要介護」の下位カテゴリーとして「要支援」がもうけられ、1から2の段階が新設された。「健康づくり」がこの新しいカテゴリーの設置理由とされているが、「要介護」の急増に対応した介護保険財政の「負担軽減」策であることは否めないであろう。同じように施設入所者のいわゆるホテルコスト（食費など）の自己負担が二〇一五年に引き上げられた。こうした事業実施の先端部分での基準などの修正は、政策の実施過程で頻繁に行われている。

これらの一方において、先にも触れているが入管法を「改正」し、従来の「技能実習生」というカテゴリーとは別に、単純労働に従事する外国人労働者の導入が決定された。「技能実習生」の労働実態はともあれ、それは職業訓練・教育とされてきた。だが、今回の入管法の「改正」は、移民労働者の導入に舵が切られたともいえよう。実施機関に政策実施のノウハウの蓄積がないだけに、外国人労働者の生活を保障しうるのか、残された課題は実に多いのである。

このようにみると、政策の実施といってもその態様は一様ではない。政策体系がまったく新規でないにしても、施策・事業の体系の修正や微調整が行われる。そのことに留意しつつ施策・事業の運用ベースとなっている法令・行政規則の解釈、予算の配分とその基準、業務職員の行動などを考察することが大切である。

② 政策の実施と法規の裁量

政策の実施に不可避な裁量

政策の公示形式は複雑であるが、そのなかでも法律は政策の目標、対象、手段の重要な構成要素である。一般に政策の実施が法律の執行として観念され、その適切さが政治の焦点となる理由もここにある。しかし、法律はあくまで政策を構成する高次かつ抽象的規範であり、その規定のみでは政策の実施につながらない。法律のディテールは政令さらに省令にさだめられるとともに、それらにもとづき行政活動をになう実施機関職員の行為準則である通達・通知・規則などがさだめられる。それは予算の実行についても同じである。いずれにしても、法律あるいはそれに準じる予算は、社会的に規範として通用させるために、適度の抽象性をそなえていなくてはならない。そして、個別の事態に適用させるために、政令・省令という委任立法、さらにそれらをもとにした規則などを制定する必要がある。

政省令や規則などの作成自体、実施機関の官僚制組織の裁量によるものであり、立法統制のおよび難い行為である。先に、近年の安倍政権による重要な法律の特徴が法のもっとも根幹部分を政令、省令にゆだねるとするものだと述べた。政策の実施に法律の下位規範が必要であることは右に述べたとおりだが、いかに法律が適度の抽象性を必要とするといえども、根幹部分までを官僚組織の裁量行為にゆだねることには、立法統制との関係を熟慮しなくてはならない。

ところで、政策実施機関はその周辺に有力な「顧客集団」とそれに密着する「政治家集団」をかかえている。したがって、政策実施のための裁量判断といっても、その内実はこれら集団との関係性に少なからず左右される。たとえば、三・一一東京電力福島第一原子力発電所の過酷事故をうけて改正された原子炉等規制法は、原発の寿命（稼働期間）を四〇年とさだめた。ただし、二〇一二年九月に新設された原子力規制委員会の審査に合格するならば、最長二〇年間の延長を一回にかぎって可能とした。環境省の外局であり国家行政組織法第三条にいう原子力規制委員会は、福島事故後停止している既存原発の再稼働とこの寿命延長の審査のために、新規制基準をさだめた。これは委員会規則であり立法統制の対象ではない。委員会と政府は新規制基準は「世界で一番きびしい基準」と繰り返す。だが、それは基本的に原発プラントの技術基準であって、それ自体にも在野の科学技術者から問題が指摘されているが、くわえて新規制基準の問題点は、事故の際の住民避難計画の適格性が審査基準に規定されていないことだ。すでに原子力規制委員会は、新規制基準に適合したとして再稼働と老朽原発の寿命延長を認めている。新規制基準とそれにもとづく審査には、多くの議論が提示されているが、規制委員会の行動が東京電力をはじめとする電力業界なる「顧客集団」そして「政治家集団」と無縁のところで成立しているわけではない。

同様のことは、先に触れた働き方改革一括法にいう「高度プロフェッショナル」の定義や入管法にいう「特定技能」にもいえよう。これらの具体的定義は厚労省や法務省入国在留管理庁のさだめる政省令によるが、これら制度に「利益」をみいだす業界団体、政治家集団が背後に存在する。しかし他方で、政策実施機関がこれら集団の意のままに行動しているわけではなく、そこには行政組織として積み上げられた行動様式や判断基準が機能している。政策実施についての考察にあたっては、実施機関を取り巻いている各種集団との関係性を視野に収めておく必要がある。

●—規制政策の実施と許認可

政府は個人や法人の活動について、許可、認可、免許、指定、認定、届出といったさまざまな規制をくわえている。こうした政府活動は、ある特定の政策目標の実現にむけて個人や法人の活動を誘導しようとするものである。ただし、使われている法令用語も複数におよびまたその規制の態様も一様ではない。各省における許認可等の件数や根拠法令を調査している総務省行政評価局は、許認可等の用語を「強い規制」「中間の規制」「弱い規制」にカテゴライズし、それぞれ次のように定義している。

「強い規制」とは「一般的な禁止を特定の場合に解除する行為、特定の権利等を設定する行為」であり、許可、認可、免許、指定などがそれである。「中間の規制」とは「特定の事実や行為が、あらかじめ定められた基準等を満たしているか否か審査・判定し、これを公に証明する行為」であって、認定、検査、登録などの用語がそれらにあたる。「弱い規制」とは「一定の事実を行政庁に知らせるもので、行政庁は原則として記載事項を確認し、受理するにとどまるもの」であって、用語としては届出、提出、報告などである。

たしかに、こうしたカテゴリー分けは、行政庁による多数の許認可についての行為と用語を考えるさいに役立つといえよう。ただし、これらの規制権限は、単一の形で行使されるとはかぎらない。届出だけで一定の行動が行政庁によってオーソライズされることもあるが、許可、認可、免許、承認といった規制（行政処分）には、届出が前置されている。一九九四年一〇月の行政手続法の施行後には、さだめられた要件をそなえた届出は受理されねばならないとされた。だが、それ以前には行政庁が届出を受理せず「棚ざらし」状態においておくことも珍しくなかった。届出という行為は行政庁の担当官に提出すれば完了するのではなく、担当官が受領の公印を捺さないかぎり届出の完了とはならないのである。

そしてまた、許可や認可、承認などは、実施機関のさだめる内規＝内部的準則にもとづいて処理されてきた。これは許可や認可などの処理基準をさだめた政令や省令についての行政官の解釈マニュアルである。こうした内部準則をさだめること自体、実施機関の裁量行為であるが、準則こそが政策実施のための「規範」とされてきたといっても過言ではない。しかも、準則は外部に公表されるものではなかった。実際、一定の活動のオーソライズを実施機関に申請したものの、認められなかった申請者の苦情をまえにして、実施機関は「法令には反していない。だが、内規に適合していない」と回答していた。さ

図6　許認可等の件数

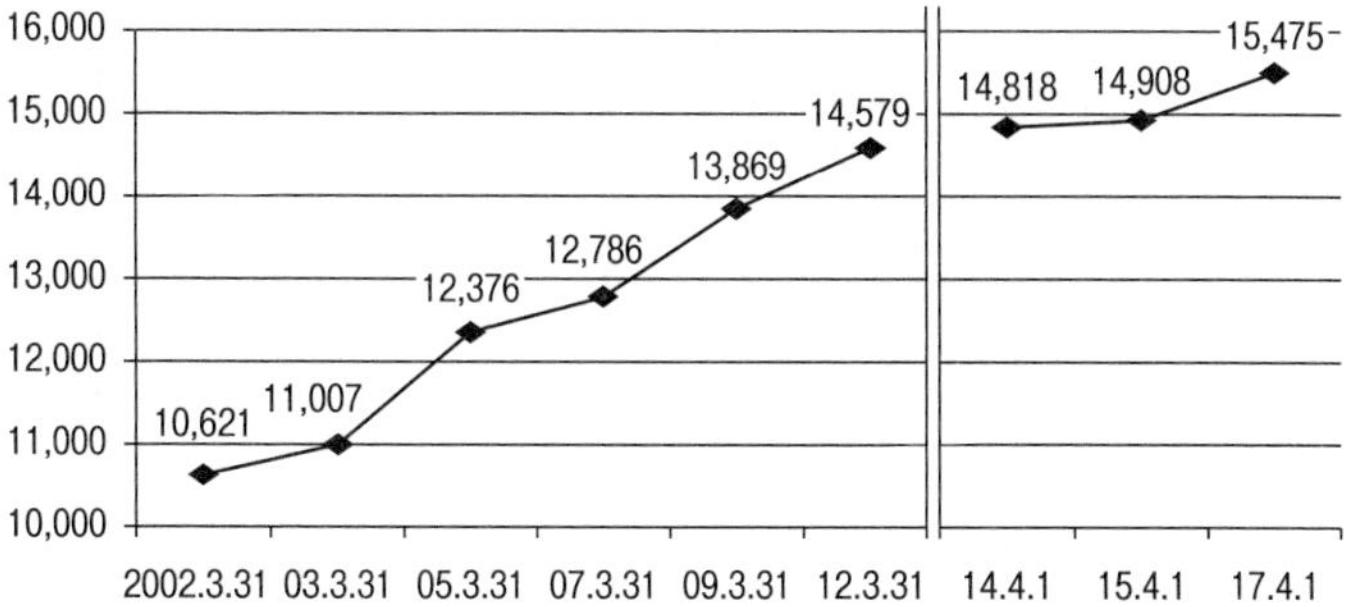

注）複数の府省等が関係する許認可等について，2012年3月31日現在までは，許認可等の処分権者ごとに数えており，2013年4月1日現在以降（本図では，2014年4月1日現在以降）は，許認可等の根拠法令を所管する府省等ごとに数えている．

出典）総務省行政評価局『許認可等の統一的把握の結果について』2018年6月．

すがに、長期にわたって常態ともされた準則にもとづく許可、認可などの行政処分行為は、行政手続法の制定によって姿を消した。

　行政手続法によって実施機関は、内規とされてきた許可や認可などの標準審査期間や審査基準を公表せねばならないとされた。このかぎりで政策目標の具体的実現活動には、一定の「透明性」が保証されるようになったといえる。だが、これは各省ごとに行われており、第三者機関が標準審査機関や審査基準をチェックするシステムを欠いている。その意味で規制政策の実施における裁量と実施の「分担管理」色は、依然として濃厚であるといえる。

　こうした許認可等の件数は、図6にみるように、二〇一七年四月一日現在で一万五四七五件である。府省等別にみると国土交通省、厚生労働省、金融庁、経済産業省といった行政機関の許認可権限が大所を占めている。

　ところで、歴代政権は一九八〇年代から「許認可等の整理合理化」を掲げてきた。そして二一世紀に入ると、さらに進んで「政府規制の緩和」を強調している。現在の安倍晋三政権も規制改革推進会議をもうけている。だが、許認可等の件数は、二〇〇二年三月一日現在で一万六二一件であったが、二〇一七年四月一日現在では、図6のように一万五〇〇〇余件となっている。この変化を大所である右の四省庁についてみると、国土交通省二〇四二件→二八〇五件、厚労省一五四三件→二四五一件、金融庁一四二一件→二三五三件、経産省一八六六件→二二六一件といった状況にあり、軒並み許認可等の件数を増加させている。「看板に偽りあり」というのは簡単だが、こうした許認可等の増加要因をどのように考えるべきだろうか。

「許認可の整理合理化」「政府規制の緩和」は、政治的アピールとしての影響力をもつ。しかし、経済社会の変動・変化も激しい。官僚機構は環境的条件の変化を捉えて規制権限の増殖をはかろうとする。社会的にも新たな経済社会の変化に対応した「秩序」を望む声も小さくない。こうして、官僚機構は自らの組織リソースの増殖に巧みに結びつけていく。厚生労働省の許認可等の権限の急増は、二〇〇一年四月にスタートした介護保険制度に対応していよう。金融庁のばあいは銀行と証券業の垣根の撤廃にともなう新たな業態への対応といえよう。経済産業省もいわゆる経済のグローバル化にともなう化学物質の審査や輸出入の許可、承認、役務取引の許可などに関係する。国土交通省のばあいは、土地利用規制やタクシー業務、倉庫業、宅地建物取引などに関係するものが多数をしめす。

それでは、いったい、政権の強調する「規制緩和」と省庁の許認可権の増加をどのように考えるべきだろうか。先に総務省行政評価局が規制行政に「強い規制」「中間の規制」「弱い規制」のカテゴリーを設定していることをみた。許認可等の権限はたしかに増加しているのだが、なかでも増加が著しいのは、

表 4 「弱い規制」の件数

用語別		2016.4.1 現在		2017.4.1 現在	
		根拠条項等数	構成比（%）	根拠条項等数	構成比（%）
強い規制	許　可	931	6.1	946	6.1
	認　可	1,824	12.0	1,853	12.0
	免　許	79	0.5	79	0.5
	承　認	1,583	10.4	1,601	10.3
	指　定	332	2.2	338	2.2
	承諾等	119	0.8	120	0.8
小　計		4,868	32.0	4,937	31.9
中間の規制	認　定	775	5.1	800	5.2
	確　認	172	1.1	168	1.1
	証　明	79	0.5	79	0.5
	認　証	19	0.1	19	0.1
	試　験	108	0.7	109	0.7
	検　査	217	1.4	217	1.4
	検　定	19	0.1	19	0.1
	登　録	436	2.9	444	2.9
	審査等	31	0.2	31	0.2
小　計		1,856	12.2	1,886	12.2
弱い規制	届　出	5,188	34.1	5,306	34.3
	提　出	1,310	8.6	1,325	8.6
	報　告	906	6.0	913	5.9
	交　付	146	1.0	148	1.0
	申告等	184	1.2	186	1.2
小　計		7,734	50.8	7,878	50.9
その他		766	5.0	774	5.0
合　計		15,224	100	15,475	100

強い規制　：一般的な禁止を特定の場合に解除する行為，特定の権利等を設定する行為等
中間の規制：特定の事実や行為が，あらかじめ定められた基準等を満たしているか否か審査・判定し，これを公に証明する行為等
弱い規制　：一定の事実を行政庁に知らせるもので，行政庁は原則として記載事項を確認し，受理するにとどまるもの等
注） 構成比は，四捨五入の関係で内訳と合計が一致しないばあいがある．
出典） 図 6 に同じ．

届出、提出、報告などの「弱い規制」である。二〇〇二年に四七四九件であった「弱い規制」は、表4にみるように、二〇一七年に七八七八件となっている。約一・七倍である（総務省行政評価局『許認可等の統一的把握の結果について』）。増加分の内訳は定かでなく、従来の「強い規制」が「弱い規制」にあらためられたものもあるだろうが、新規の規制の多くが「弱い規制」であることを推察できよう。

公共政策の多くが公権力を背景として対象に一定の行動をもとめる規制政策であるが、こうした状況が物語っているのは、近年の規制政策が赤裸々な権力の行使よりは、「ソフト」な規制に変化していることであろう。とはいえ、許認可等の権限の増加により、政策実施機関の重みが増していることに注目しておかねばならないだろう。

●地域を特定した規制緩和

「弱い規制」であるとしても官僚機構の日常行動をささえる規制権限は、増加の一途をたどっている。これでは「政府規制の大胆な緩和」「岩盤規制の撤廃」は、「羊頭狗肉」との批判をまぬがれない。看板だけでなく実態においても「規制緩和」を社会に印象づける政策・施策を必要としよう。

近年とりわけ二一世紀に入って「政府規制の緩和」政策として顕著であるのは、地域を特定して政府規制を緩和する動きである。二〇〇一年に成立した小泉純一郎政権は「構造改革特区」をもうけた。これは政府規制の緩和と同時に「まちづくり」といった要素をもつものだった。自治体からの申請をうけて内閣府と規制権限の所管庁の協議にもとづき、特定の自治体にかぎって政府規制を緩和するものである。

たとえば、話題をよんだのは「どぶろく特区」である。酒税法は酒の醸造業を「免許」制度のもとにおいている。それを得ずに個人や法人が酒類を醸造すれば「密造」であり刑事罰の対象となる。この規制を特定の地域にたいし「特区」として撤廃したものだ。また、道路運送事業法は一般乗合旅客自動車運送事業（乗合バス）や一般乗用旅客自動車運送事業（タクシーなど）にきびしい規制をくわえてきた。かつては事業自体が免許制とされてきたが、二〇〇〇年に許可制に変更されている。だが、ＮＰＯなどによる移送サービス事業は認められていなかった。これについても地域を特定して移送サービス事業の実施を可能とした。乗合バスの路線が次々と廃止ないし縮小されるなかで、市民による移送サービスの展開は「足の自由」を保障する手段として住民らに歓迎された。しかし、「構造改革特区」制度は、地域から申請された比較的小規模事業についての規制緩和であった。

二〇一二年一二月に成立した第二次安倍内閣は、二〇一三年六月に「日本再興戦略――JAPAN is BACK」を閣議決定し、このなかの経済成長戦略の中心手段として「国家戦略特区制度」を創設した。二〇一三年一二月に国家戦略特区法が制定され、翌一四年に内閣府の諮問会議として国家戦略特区諮問会議が設置された。この諮問会議は首相が議長を務め、内閣官房長官、国家戦略特区担当大臣、首相の指名する閣僚そして民間人を議員とするものである。国家戦略特区法には多くの事業メニューが掲げられている。すでに一部は実現をみているが、たとえば、都市公園内における保育所の開設、公立学校運営の民間への開放（公設民営学校）、医療保険外併用養育（混合医療）の実施などである。いずれも関係する法律がまったく認めてこなかったものだ。

国家戦略特区の区域は、特定の自治体を指しているのではなく、それを超えた広域的区域である。それは首相が議長を務める諮問会議の議を踏まえて首相が認定する。国家戦略特区での事業は、区域ごとにもうけられた国家戦略特区域会議(構成員は担当大臣、関係自治体の長、首相の選定する民間事業者)の合意にもとづき事業者を募り、国家戦略特区計画が作成され、首相が認定する。認定された事業者には、金融支援、租税特別措置などが特例的に適用される。

先に述べたように、国家戦略特区制度は成長戦略の一環として創設されたものであり、安倍首相の「岩盤規制にドリルで穴を開ける」なる言説にささえられている。この点は小泉政権の「構造改革特区」と基本的に次元を異にしている。それだけに区域の設定と事業の認定は、きわめて集権的である。それゆえに、一大政治問題となった加計学園が経営する岡山理科大学の愛媛県今治市における獣医学部開設が物語るように、政権と事業者の関係が不透明であればあるほど、「腐敗の温床」となりかねない。

国家戦略特区制度が掲げる事業メニューは、それだけを取り上げればラディカルな政府規制の緩和といってよい。とはいえ以上のような事態は、あらためて政府規制あるいはその緩和のあり方について考察せねばならないことを教えていよう。政府規制は、社会的公正や平等、経済的取引の公正などの確保を大きな目標として掲げる。だが、官僚機構の裁量行為に大きく依存した規制は、ときに自由な市民の行動を制約する。その一方で、たとえば「公正な市場秩序をつくる」といった参入規制の実際が、既存事業者の保護であるとの批判を呼び起こすこともある。政府規制はもともときわめて複雑な要素をはらんでいるが、政府規制あるいはその緩和の原点とされねばならないのは、社会的平等と社会的公正についての熟慮・熟考である。

たとえば、区域を特定した混合医療機関の開設は、医療ツーリズムといった外国人療養者のみならず国内の療養者を呼び込むであろう。医療機関の国際的参入も起きよう。だが、こうした医療は、日本が誇ってよい皆保険制度を「骨抜き」にする。医療保険制度の標準外の高度の医療と医療費については、別途制度化されればよいのであって、「命の沙汰もカネ次第」といった状況をつくりだしてはならないだろう。「公設民営学校」は、私立学校が多数あるといっても、費用負担や学習の中身、教員の資質など教育の実質において、教育を受ける権利を保障するものであるだろうか。

公共政策としての規制政策は、従来みられる官僚制組織の許認可権限の増加にくわえて、国家戦略特区という制度によって、大きな「曲がり角」に立っているといってよい。民主主義政治体制と規制政策のあり方が問われていよう。

●—規制政策の実施と行政指導

政府規制の緩和として政権中枢を決定核としたきわめて集権的な国家戦略特区制度が進んでいるが、許可、認可、免許といった行政処分行為を軸とした政策実機機関の行動もまた日常的に展開されている。そして、政策実施機関の規制行政は、行政処分行為を直接発動することよりは、行政指導といわれる政策実施手段に負うところが大きい。許可、認可などの申請者に対する行政指導をもとにして、事業者のあいだの利益調整が行われ、一定の業界ルールの順守＝維持がはかられることもある。また、業者などの法令違反行為にたいして、そく許認可や免許の取消しといった不利益処分を発動するのではなく、改善指導が行われることもある。行政手続法が施行された今日、政策実施機関は「独断」で不利益処分を下すことはできない。相手側からの聴聞や弁明の手続きをへなくてはならない。それだけに、行政指導による事態の改善が実施機関の活動の常態であるといってよいだろう。

ところで、行政指導について公法学者は、法令上の根拠をもたない官僚制の願望の表明であり相手方の自発的な応諾であると基本的に位置づけ、機能的にみたとき規制的行政指導と調整的行政指導に分類できるとしている。行政手続法はたしかに行政指導を「願望の表明」と位置づけ、「従わないものに不利益な扱いをしてはならない」としている。しかし、こうした定義はかならずしも行政指導の実態をもとにしたものではない。ここでは、次の三点を行政指導の本質としておこう。

第一に、行政指導はある特定の目的の実現にむけて法令を根拠に相手の行動を操作する、あるいは直接適用する法令がなくとも何らかの関連する法令を援用して相手の行動を操作する官僚制の行動である。ここで法令というのは、直接的には公権力行使のための根拠法である行政作用法を指している。だが実は、行政指導の根拠法とされているのは、行政作用法ばかりでなく、各省の設置と所掌事務をさだめた行政組織法とその政省令である。この行政機関の設置法令は、ある意味で官僚制組織にとって政策実施の根拠規範としてもちいるのに便利である。なぜならば、①所掌事務のさだめ方の抽象度が高く、②行政作用法との整合性を多くのばあいに欠如しており、③政策実施機関の組織単位の「自律性」を保障しているからである。言い換えるならば、まさに裁量行為として行政指導を駆使する「道具」となるのである。日々の規制活動に行政組織法令が使われているのだが、歴史に残るコメの減反政策は、そのための行政作用法を制定して実施されたのではない。旧農業基本法の第二条第二項に「需要が減少する農産物の転換を図る」との規定があった。コメはこの規定をもとに「需要が減少する農産物」に指定された。だが、それを実現する作付面積の割当てや奨励金の交付は、農業基本法から導くことはできない。それらは農林省設置法を根拠に実施された行政指導なのである。農業政策の歴史的「大転換」が行政指導によってなされたことは、記憶されてよいだろう。

第二に、行政指導による相手側の行動の操作には多様な手段が用いられるが、なかでも中心を占めているのは「利益の供与」である。とはいえ、それに応じない相手にたいして「制裁」がくわえられることもある。制裁の内容も多様であって、利益の供与の停止はもちろんのこと「江戸の仇を長崎で討つ」といった非公式ないし一見関連性のない不利益な取り扱いがくわえられることもある。

第三に、行政指導は以上の二点を中心とした官僚制組織の個別的行動ではなく、官僚制組織のもつ許認可権限、補助や融資の権限、サンクション権限が組み合わされた制度となっている。だからこそ、相手側にも制度への「安住」指向が生じ行政指導に「効力」をもたらしているのである。

こうした規制政策の実施における行政指導は、実施機関の裁量行為そのものだといってよい。しかし、行政指導としてしめされる指導や指示、勧告の内実は、実施機関の側が「一方的」に決定したものではなく、多くのばあい、業界団体などの対象との協議にもとづいているといってよい。こうした関係を維持することで実施機関の側は、人員の限界による実施コストを抑えることができるし作為についての社会的批判を回避できる。そればかりか、実施機関は相手側を自らの「顧客」にとどめておくことができる。

一方の業界側は、「監督官庁」の指示にしたがっていることを装うことで、各種の業界規制法(業法)に抵触する行動ばかりか、独占禁止法違反の共同行為をカモフラージュすることができる。それだけではなく、業界秩序を実施機関によって守ってもらえる。また法令違反行為にたいする行政処分の直接的発動を回避でき、「社会的信用」を失わずに済むのである。

行政指導は、日本が「先進国に追い付け・追い越せ」をナショナルゴールとして急速に近代化を進めた時代に産業政策の中心的政策手段であった。政府は銀行・証券などの金融業をはじめとして、基幹産業分野ごとに「業法」とよばれる業界規制法を制定し、それを基本的根拠としながら、まさに行政指導によって業界の保護と業界全体の発展をはかってきた。さすがに、一九八〇年代後半以降は、経済のいわゆるグローバル化とそれにともなう「非関税障壁」批判、国内における規制緩和の声の高まりなどによって、行政指導は産業政策の有力な政策実施手段ではなくなった。

とはいえ、行政指導が規制政策の有力な実施手段であることに変化が生じているわけではない。むしろ、行政指導はいわゆる「バブル経済」の崩壊と長期にわたる経済の低迷、経済格差の拡大などの経済社会問題の深刻化をうけて、その「是正」を相手側との協議をもとにはかろうとするものに変わっているといえよう。金融庁による銀行協会との協議を背景とする損金の計上方法、負債の公表方法、自己資本比率の向上のための大規模増資などの指導は、その代表例であろう。そのことが四大メガバンクの誕生に結びついている。より身近なことでいうならば、行政指導として長年にわたって行われてきたタクシーの「同一地域・同一運賃」制や台数規制は、大幅に緩められている。だが現実には一時的に関西地区でそれに応じる事業者もあらわれたが、今日では実質的に大きな変化はない。国土交通省とタクシー業界との「共同決定」ルールと行政指導は、生き続けているといわなくてはならない。またのちに述べるが労働災害などについての行政指導も、雇用者との協議をもとにしているゆえに、実効性が厳しく問われるのである。

政策実施手段としての行政指導は、災害、伝染病、薬害や公害などの事態に迅速かつ機動的に対応できるメリットをもっている。また行政処分の前段で助言、指導、技術援助、情報提供などを相手方に行うことは、政策目的の実現に資するといえる。それゆえ、行政指導を全面的に否定する必要はない。しかし、行政指導がはらんでいる最大の問題は、その内容が相手との共同決定ルールとなっていることである。そこに行政指導なる政策実施手段の「不透明性」がある。政策実施機関と対象集団との関係をいかに透明化するかは、依然として日本の行政の大きな課題である。

3 公共事業の予算と実施主体

政治に翻弄される公共事業予算

政府は最大の権力的経済主体である。二〇一九年度の中央政府一般会計当初予算の歳入・歳出額は過去最高の一〇一兆円である。一〇〇兆円を超える予算は、おそらく今後増加することはあっても減額に転ずることはないであろう。こうした巨額の公金は各行政分野の経常・投資経費に費やされていく。もっとも二〇一九年度予算についていえば、歳出の主要経費別内訳のなかで公債（国債）費が二一兆円を占めており、社会保障関係費の三一兆円に次ぐ巨額となっている。国債費とはこれまで発行してきた国債の元利償還金であるから、これが歳出予算に大きなシェアを占めるとそれだけ財政の弾力性が失われ、新しい問題事象への政策的かつ財政的対応が難しくなる。

こうした指摘はいまに始まるわけではない。財政逼迫がいわれ行財政改革が政治の重要アジェンダとされた一九八〇年代以降、繰り返し提起されてきた。だが、公共事業はひとつには自民党政治の根幹でもあった。自民党政治は「お供物・ご利益政治」ともよばれたが、大小織り交ぜた公共事業を全国各地で展開し、集票・集金機能を維持してきた。その一方で、公共事業がマクロ的にみるならば一定の景気刺激機能をもっている。いわゆる「バブル経済」破綻後の長期経済不況下の一九九〇年代には、経済の回復をもとめた巨額の公共事業関係費が予算計上され大規模に展開された。

しかし、公共事業費は財政法第四条但し書きにもとづき国債（建設国債）によって賄うことができる。それだけに歳入状況や国債費の将来に思いいたらせず財政規律を弱める。また政治支配の有力な手段とされることによって、公共事業の必要性や優先順位について精査を欠くことにもなる。そして政治による壮大な「無駄使い」という批判を呼び起こすことにもなる。

図7は、公共事業関係費の推移だが、とりわけ一九九〇年代後半に当初予算で九兆八〇〇〇億円から九兆四〇〇〇億円であった公共事業予算は、二〇〇一年四月に成立した小泉純一郎政権のもとで削減に転じた。小泉政権の政策転換は財政の将来にのみ根拠づけられるものではない。「自民党をぶっ潰す」をスローガンとして登場した小泉の狙いが、公共事業関係議員の「牙城」であった田中・竹下派の系列に属す集団との党内闘争に勝ち抜くことであったのも否定できない。さらに、二〇〇九年に「コンクリートから人へ」を掲げて誕生した民主党政権のもとで公共事業費は四兆円台まで減額された。

ところが、二〇一二年一二月に成立した第二次安倍晋三政権のもとで公共事業費は二〇一三年度予算から増加に転じている。第二次安倍政権は、成長戦略の基本として「三本の矢」を提起したが、その第

図 7　公共事業関係費の推移

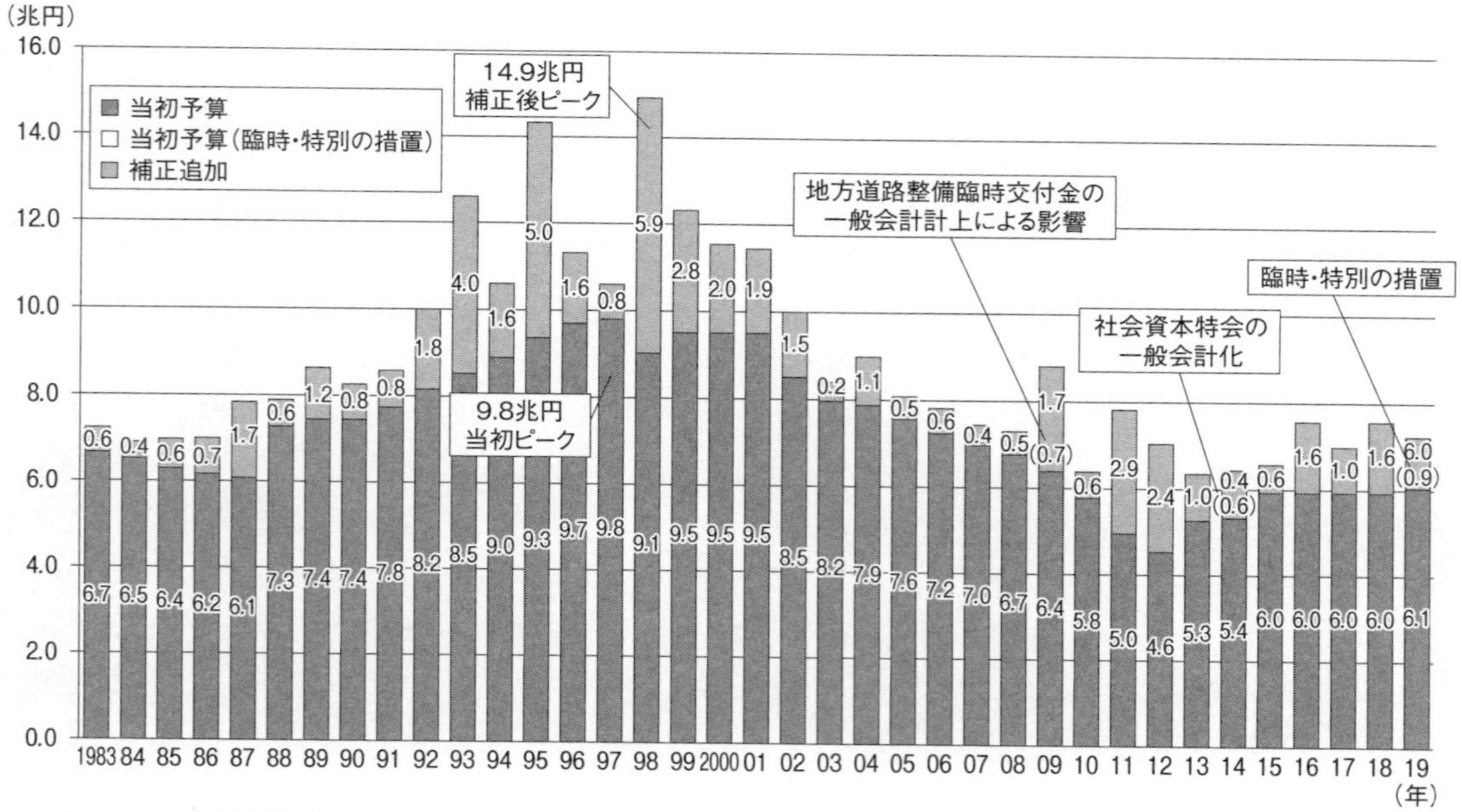

注）NTT―A，B（償還時補助等を除く）をふくむ.
出典）財務省 平成 31 年度国土交通省・公共事業関係予算のポイント.

二の矢は公共事業による経済成長であった。さらに民主党政権下の野党であった自民党は、東日本大震災を「奇貨」として「国土強靭化」を訴えたが、政権奪還後の安倍政権は国土強靭化を主要な政策の柱としている。

こうして政治に振り回される公共事業予算は、二〇一九年度当初予算では六兆一〇〇〇億円となっている。最盛期の一〇兆円に近い予算計上に比べれば、たしかに減額されている。とはいえ、分野別にいうならば、この額は文教・科学振興費を上回っており、けっして小さなシェアではない。ここでは、依然として政府の政策の重要な柱である公共事業について考えていくが、その基礎的前提として、公共事業費をふくめた予算の配分と実行の手続きをまずみておこう。

●—予算の配分と実行の手続き

予算は新年度のスタートとともに各省庁に配賦される。これは各省庁に「分補合戦」の分け前をあたえるものではない。予算の配賦とは、仕事に必要な支出権限の最高限度額の付与を意味するのであって、使い切ることを当然の前提としているわけではない。各省庁に配賦された予算は、さらに内部部局に配賦される。これは支出負担行為（支出の理由となる契約その他の行為）の示達とよばれる。示達はピラミッド型に組織された内部部局の各段階をへて末端部局にいたる。

支出負担行為の最終責任は大臣にある。だが大臣がそのすべてを決裁しているわけではない。事務の煩雑さをさけるために内部規定によって支出負担行為の限度額をさだめて、地方機関をふくめた省庁内の下級機関に委任している。この委任された職員は、支出負担行為担当官とよばれる。さらにこの事務の一部は分任支出負担行為担当官とよばれる下級職員に委任されている。

ところで、各省大臣は支出負担行為の責任者であるが、配賦された予算の支払権限を「完全」にもっているわけではない。各省大臣は四半期ごとに支出負担行為の支払計画書を財務相に送付し閣議の承認をうけなくては支払いができない。この支払計画書に記載すべき経費のレベルは予算科目の目まである。また、公共事業・資本予算については、支出負担行為の支払計画書にくわえて、予算各目の目までの支出負担行為の実施計画書を提出せねばならないことが、財務省告示によって義務づけられている。このように予算は実行過程においても財務省統制をうけている。予算の実行は市場への貨幣の流出を意味しており、政府は支払計画を操作することによって景気の調整や経済環境の変化に対応することが可能となる。

一般に予算は、実行過程において具体的なすがたをあらわすといわれるが、実施計画に盛り込まれている事項こそが、事業の骨格なのである。この実施計画にもとづいて具体的事業や事業地点がきめられ、事業の請負契約や物品購入契約が結ばれる。要するに、予算の実行とは、たんなる公金の「出納管理」ではない。予算はもともと有力な政策手段であるが、実現しようとする政策目標が具体化する過程なのである。

●—公共事業と実施主体

先にみたように公共事業予算は、二〇一九年度当初予算で六兆一〇〇〇億円の巨額にのぼる。一口に公共事業といってもその分野は多岐にわたる。表5は、二〇一八年度と一九年度の公共事業関係費を分野別にしめしたものである。以前から道路整備、治水の公共事業費のシェアの大きさが問題視されてきたが、二〇一九年度予算においても道路は全体（災害復旧等をふくめない）の二九・八％である。治水も一三・五％であり、大きな変化はみられない。

これらに匹敵するシェアを占める社会資本整備総合交付金は、補助金改革を指向した民主党政権によって二〇一〇年度に創設されたものである。自治体の作成する社会資本整備計画にもとづく各種の社会資本整備事業にたいする包括的な交付金であり、自治体の自由度は高い。かつての土地区画整理事業や市街地再開発事業も原則としてここに包括される。道路に次ぐ大きさの防災・安全交付金は地域住民の命と暮らしを守る総合的老朽化対策や事前防災・減災対策に充当される交付金であり、二〇一二年度補正予算によって創設された。これもまた自治体の作成する計画にもとづく交付金であり、自治体の事業についての自由度は高い。防災・安全交付金は全体の一七・四％、社会資本整備総合交付金は全体の一四・〇％を占めている。次章でも述べるが、公共事業関係の補助金等が、個別事業補助金から包括的な交付金（補助金）に改革された意義は大きい。ただし、防災・安全交付金は、いかに東日本大震災の衝撃が大きかったとはいえ、社会資本整備総合交付金と別建てにする意味があるのか、当初より疑問視された。今日においてもこの二つの交付金について交付金対象事業の区分が明確にされているわけではない。

表5　公共事業関係費の分野別シェア（2018，2019 年度）

（単位：百万円）

	2018 年度当初予算額	2019 年度政府案	対前年度	
			増減額	伸び率
治水	757,386	807,530	50,144	6.6%
治山	59,736	60,627	891	1.5%
海岸	27,749	29,414	1,665	6.0%
道路	1,667,694	1,785,752	118,058	7.1%
港湾	232,754	238,573	5,819	2.5%
空港	78,498	75,973	▲2,525	▲3.2%
都市幹線鉄道	24,676	24,905	229	0.9%
新幹線	75,450	79,192	3,742	5.0%
住宅対策	150,529	152,464	1,935	1.3%
水道	17,570	17,836	266	1.5%
廃棄物処理	40,822	41,575	753	1.8%
国営公園等	28,031	28,711	680	2.4%
農業農村	321,054	326,026	4,972	1.5%
森林整備	120,313	122,107	1,794	1.5%
水産基盤	70,000	71,044	1,044	1.5%
社会資本整備総合交付金	888,572	836,374	▲52,198	▲5.9%
防災・安全交付金	1,111,736	1,040,587	▲71,149	▲6.4%
農山漁村地域整備交付金	91,650	92,714	1,064	1.2%
地方創生整備	39,068	39,741	673	1.7%
その他	101,670	113,415	11,745	11.6%
一般公共計	5,904,958	5,984,560	79,602	1.3%
災害復旧等	73,989	75,049	1,060	1.4%
公共事業関係費計	5,978,947	6,059,609	80,662	1.3%
国土交通省関係	5,182,783	5,250,981	68,198	1.3%
農林水産省関係	685,996	696,606	10,610	1.5%
厚生労働省関係	17,920	18,192	272	1.5%
経済産業省関係	2,162	2,163	1	0.0%
環境省関係	48,446	49,307	861	1.8%
内閣府関係	41,640	42,360	720	1.7%

注）2019 年度政府案には，臨時・特別の措置をふくまない．
出典）図7に同じ．

こうした近年の公共事業費の特徴にくわえていうと、かつて自民党一党優位時代に大きなシェアを占めた農業・農村整備補助金や農山漁村地域整備交付金が、シェアを低下させていることだ。ここには多様に議論されるべき課題がふくまれているが、政治（政権）の政治指向が反映されているというべきであろう。

ところで、こうした巨額の公共事業費にもとづく公共事業の事業主体は、公共事業を所管している各省ばかりではない。社会資本整備総合交付金や防災・安全交付金の事業主体が自治体であることは述べたが、道路についても補助事業として実施される部分が大きい。道路法にもとづき一般国道の指定区間外（国土交通相が直轄管理区間として指定した部分を除く区間）の管理は、都道府県ないし政令指定都市への法定受託事務とされている。同様に河川法にもとづき、一級河川水系の指定区間（国土交通相の指定した区間）と二級河川ならびに準用河川の管理は、それぞれ都道府県と市町村への法定受託事務であり、首長が河川管理者とされている。そしてこれらの管理事業経費は補助金として支出されている。シェアを低下させている農業農村整備に関する事業費も事業主体は、都道府県、市町村、農業者団体などであり、補助金として支出される。しかも、農業農村整備補助金は根拠となる法律にもとづくのではなく、その多くは予算補助（単年度の予算を支出の法的根拠とする補助金）である。

このように、公共事業予算にもとづく事業主体は一様ではない。だが、各省による公共事業予算の実行は、その程度に強弱はあるにせよ移転支出の決定のみならず具体的事業のあり方をコントロールするものとなっている。言い換えると公共事業予算の実行は、事業官庁による割拠的かつ集権的コントロールを特色としているのである。

●—工事概要から実施計画へ

事業の予算規模、事業主体のいずれの側面からみても公共事業の実施過程は複雑である。ある意味で典型ともいえる道路、河川についての公共事業の実施過程を取り上げ、その要点をみていこう。ただし、このばあいにも、年次の予算実行としてルーティン化している事業と、新規の重点事業がある。これらにくわえて、高度経済成長期から一九九〇年代には長期間を要する大型ダムの建設や高速道路の建設が公共事業の中心に位置していた。だが、めぼしい巨大ダムや高速道路の建設は完了しており、社会経済状況の変化によって今日、巨大公共事業は行政や政治の焦点とならなくなった。

ルーティン化している事業は次年度の予算要求の作成を起点としている。道路や河川の改修事業のばあい、国土交通省の地方整備局は、そのもとの道路や河川の管理を担っている工事事務所に工事概要、年間工種別地区別工事量内訳、細目の工事費内訳、購入物品と量、物品運用計画の提出をもとめる。国土交通省には旧建設省時代より本省の道路局、河川局（現水管理・国土保全局）を頂点として末端工事事務所まで、事業分野ごとに技官が組織されてきた。これは「タテ一系列」とよばれている。工事概要などはこの「タテ一系列」をさかのぼる形で地方局の査定をへて本省の道路局、水管理・国土保全局にいたる。本省の道路局、水管理・国土保全局ともに総務課の技官筆頭課長補佐を中心として工種別地区別工事量が調整される。それにもとづき予算要求が財務省になされる。予算は財務省の査定をへて閣議決定され国会に提出される。予算委員会の分科会審議においても、委員の眼が工事概要や工種別地区別工事量などにおよぶことはまずない。

国会の議決と承認を得た予算は、新年度となると各省に配賦され、官僚制の階段を降りていく。地方整備局や工事事務所は、予算の配賦後に個所づけ（具体的工事地点の選定）し、予算要求時に提出した工事概要や工種別地区別工事量内訳をベースとした実施計画書を作成する。これもまた目までの実施計画は支出負担行為の支払計画書とともに財務省に提出し、閣議の承認をうけなくてはならない。公共事業官庁は、工事の種別ごとに土木工事設計材料単価一覧、土木工事標準積算基準書、土木関係設計単価といった予算執行のマニュアルをさだめて下級機関に通達している。支払計画書や実施計画書はこれらのマニュアルにもとづいて作成される。工事の実施計画書が承認された後に工事事務所は仕様書を作成して入札に付し、落札業者と請負契約を結び工事がスタートする。工事着工後、発注者である工事事務所などは本省のさだめる請負工事監督検査関係規定にもとづいて施工を監督する。

これが工事概要の作成から工事実施にいたるプロセスの概要だが、これにたいしては以前からいくつかの問題が指摘されている。ひとつは、予算の概算要求時に作成された工種別地区別工事量内訳に関してである。これは予算の閣議決定まで「部外秘」とされる。まえもって公表したならば政治の渦中にまきこまれ収拾がつかなくなるおそれがある。だが、閣議決定後は衆議院議員の選挙区に応じて再編成される。もちろん、これも「取扱注意」とされているが、関係する族議員のボスにのみ伝えられる。ボスはそれを配下の議員や建設業者に小出しにして伝える。政権党の族議員集団の影響力は低下しているものの、こうした官庁と族議員・業者との関係は、政治腐敗の温床ともなる。

もうひとつの問題は、工事の積算単価が土木・建設業界の構造を踏まえた実勢レートを的確に反映していないのではないか、という指摘である。工事単価表は補助金についても適用される。工事を落札した元請業者は工事管理料のみをとって二次・三次の下請業者に丸投げする事態は頻繁にみられる。原資は税金でありその効率的使用が問われる。実施過程がうみだしている重要な問題といわなくてはならない。

●新規重点施策――国土強靭化事業

道路や河川の改修といったルーティン化された事業とは別に、新規重点施策といわれる施策・事業が毎年度展開されている。とりわけ、近年の国土交通省や農林水産省といった公共事業官庁が新規重点施策・事業として掲げるのは、国土強靭化計画に関連した事業である。二〇一三年度に閣議決定された計画は実に包括的であり、端的にいえば学校のブロック塀の「強化・改修」にまでおよぶ「総花的」計画であり、公共事業のみを扱っているわけではない。とはいえ、その中心が公共事業におかれていることは否めないし、公共事業官庁は「国土強靭化」を金科玉条として予算要求し事業実施に結びつけることができる。

国土交通省道路局は「防災・減災、国土強靭化のための三か年緊急対策」を二〇一七年度に作成し、一八年度から二〇年度の三か年で集中的に実施するとしている。それは重要インフラの緊急点検結果をいる。

踏まえ「国民経済・生活を支える重要インフラ等の機能維持」を目的とするとし、具体的には「法面・盛土」「冠水」「越波・津波」「耐震」「踏切」「停電・節電」「豪雪」「無電柱化」の八つの対策とされている。

たとえば「法面・盛土」については、土砂災害等の危険性が高く、社会的影響が大きいところ約二〇〇〇箇所について、「土砂災害等に対応した道路法面・盛土対策、土砂災害等を回避する改良や道路拡幅などの緊急対策」としている。「冠水」では「冠水発生の恐れのある箇所について道路（約一二〇〇箇所）及びアンダーパス等（約二〇〇〇箇所）の排水能力向上のための排水施設の補修等の緊急対策」としており、他の項目についても緊急対策の箇所数をそれぞれあげるものとなっている。

これらは地方整備局ならびに国道工事事務所さらに自治体からの情報にもとづき道路局内でまとめられたものである。この事業は、いうまでもなく国土交通大臣の直轄国道については国土交通省の事業だが、多くは自治体への補助事業である。ただし個別の項目ごとの特定補助金ではなく、先に述べた社会資本整備総合交付金および防災・安全交付金による事業とされている。つまり、交付金は自治体の裁量を大きく認めるものだが、工事対象箇所の自治体に国土交通省道路局、というよりは地方整備局が緊急対策にもとづく工事を行うように指導しているのである。こうした二つの交付金を前提とした国土強靭化に関連させた新規事業は、国土交通省の他部局や他の公共事業官庁においても同様に行われている。国土強靭化という政権の決定があるとはいえ、包括交付金をもちいた事業も、その実質においては自治体の創意工夫の重視とされつつも中央統制をまぬがれていないのである。

●—入札と請負契約

公共事業は基礎的な調査にもとづき基本設計、実施設計、工事仕様書の作成をへて、工事の請負事業者を決定する入札にかけられる。会計法ならびに地方自治法は、入札業者にいっさいの条件をつけない一般競争入札によることを原則としてさだめている。しかし、実際の入札方法は一九九〇年代中頃まで指名競争入札が一般的であった。これはあらかじめ事業の規模に応じて入札資格業者を選定しグループ分けしておき、請負契約のための入札を行うときには、グループ分けされた業者のなかから一〇社程度を選定し競争入札に付す方法である。事業官庁も自治体も指名競争入札の必要性について、一般競争入札としたばあいには、落札＝請負業者が工事施工の技術能力および経営条件をそなえているとはかぎらない、一定の技術能力と経営能力があってはじめて工事を完成させることができるとしてきた。こうした理由に一理あるのも事実だが、そもそも、どのレベルの工事であれ指名対象業者に選定されないかぎり入札に参加し公共事業を受注することはできない。従来、指名対象業者の選定基準は公開されてこなかったから、そこにくわわれるように政治家に働きかける業者も生じるし、政治家の方も便宜をはかることで政治資金を得ようとする。それは政治腐敗の温床となる。また応札業者間で事業請負を回し合う「談合」をうみだしてきた。実際、九〇年代初頭のゼネコンスキャンダルは、こうした指名競争入札の負の側面を露わにするものだった。

こうした問題を踏まえて中央政府・自治体ともに入札制度の「改革」に取り組んだ。自治体の入札制度改革については多様であり割愛するが、中央各省でも入札制度は省によって違いがある。有力な公共事業官庁である国土交通省についていうと、大きく四つのタイプに区分されている。第一は「一般競争入札」であり事業規模七億三〇〇〇万円以上の事業に適用される。入札の公告にもとづき業者が申請書および資料を提出し、競争参加資格の審査と確認をへて入札にいたる。第二は、「公募型指名競争入札」であり事業規模七億三〇〇〇万円から二億円の事業に適用される。技術資料の作成提出を要求し、提出した業者について技術資料を審査し指名を通知し入札にいたる。第三は「工事希望型指名競争入札」である。あらかじめ業者に希望工事内容の提出をもとめ資格審査を行う。選定された業者が技術資料を提出。技術資料の審査をへて指名を通知し入札。第四は伝統的な「指名競争入札」であり、官庁が有資格者を選定登録し指名を通知し、入札にいたる。

たしかに、こうした入札制度の改革は、かつてに比べれば前進といえよう。ただし、一般競争入札の範囲は限定されている。いかに会計法のさだめる原則に近づけるかは、依然として課題である。また業者の技術力や経営実態を審査することは重要であるが、その審査の客観性と透明性を十分に確保し、行政の説明責任を全うすることが重要である。政治の介入や政治との結びつきに社会の眼が注がれる公共事業だけに実施主体はなおさら責任が大きいのである。

4 第一線職員の実施活動

政策実施者としての第一線職員

中央政府や自治体の職員は程度の問題はあるにせよ政策実施の最前線で市民や団体とかかわっている。1章でM・リプスキーの所説に触れながら述べたように、教員、警察官、福祉ケースワーカーなどの第一線職員（street-level bureaucrats）は、実際の政策実施にあたって大きな裁量権限をもっており、単純な事務職員ではない。相手との関係性のなかで、一方において自らの制度的位置にディレンマを感じつつも、便益を提供し逆にあるばあいには制裁をくわえている。しかも、その行動には職員レベルでの裁量が高度に機能している。相手からみれば、第一線の職員は政策の実質的作成者であり決定者とも映る。

先に規制政策の実施を許認可権限との関連においてみた。許認可権限は規制政策において目標実現のための誘導手段であるといってよい。だからこそ、行政法学にいう不利益処分（許可、認可、免許などの取消し）が即時的に発動されるよりはむしろ、許認可権限を背景とした助言、指導、指示、勧告といった行政指導が、政策実施の中心手段とされるのである。第一線職員の行動もひろい意味でいえば行政指導のカテゴリーに入るといってよい。しかし、ここでは具体的職権をもって政策実施の最先端で行動している職員と相手との関係のなかに、政策実施の実際をみていくことにしよう。それは、リプスキーがいうように、政策実施の行為者に内在している行為規範や相手との関係にみられる行動を重視するという意味ではボトムアップ・アプローチだが、政策実施の実際をミクロ的にみるものでもある。

そもそも、政策実施の先端に立つ第一線の職員は、あたえられた職権を手段として目標にむけて行動するようにもとめられている。そのために、彼らが所属する行政機関の上位機関は、彼らにたいしてきわめて詳細な執務のマニュアルを通達・通知している。また上位機関は、彼らを一堂に集め執務マニュアルの意味を説き統一的に行動するよう研修を繰り返している。とはいえ、彼らは相手のおかれている状況、所属する職場の人間関係や上司の指示などの複雑な環境要因をかかえている。それゆえに、しめされた執務マニュアルに「独自」解釈をくわえる職員も出現する。その一方で、執務マニュアルに「忠実」に、さらには「過剰」に反応した行動をとる職員もあらわれる。

たとえば、生活保護についてみてみよう。所得保障政策のなかでも「最後のセーフティネット（安全網）」といわれるのが生活保護プログラムである。これは経済的困窮の原因を問わずに最低限度の生活を保障するという「無差別平等」を、プログラム運営の原則とするものとされてきた。生活保護行政は、市の福祉事務所と町村部については都道府県の福祉事務所の社会福祉主事（ケースワーカー）によって実務がになわれている。生活保護の受給者の決定（法的には措置）は、二〇〇〇年四月の第一次地方分権改革まで市長ならびに知事への機関委任事務（知事ないし市町村長、自治体の行政委員会を法律所管大臣の下級機関と法律ないし政令で位置づけ、所管大臣の指揮命令のもとで事務執行にあたらせる行政体制）とされてきた。だが、二〇〇〇年の改革以降は自治体への法定受託事務とされている。法定受託事務は基本的に自治体の事務だが、長年の機関委任事務時代の伝統にくわえて近年の生活保護法の「改正」にともなう生活保護費の抑制とあいまって、「措置」はきびしくなっている。

生活保護のもっとも大きな障壁は、「保護の補足性」である。すなわち「民法に定める扶養義務者の扶養及び他の法律に定める扶助は、すべてこの法律による保護に優先して行われるものとする」（生活保護法第四条第二項）とされている。福祉事務所の社会福祉主事は、生活保護の相談・申請者から三親等以内の親族の氏名、住所を聞き出し、その人びとに申請者を扶養する意思があるかどうかを居住自治体の福祉事務所を通じて照会する。二〇一四年の生活保護法の「改正」は、この徹底を打ちだした。

厚生省（現厚生労働省）は、一九八二年に生活保護の適正化を掲げて「第一二三号通知」（以下「一二三号通知」）を都道府県知事と市長に発した。そこでは申請者の財産状況を金融機関等に照会することと、民法上の扶養義務者に扶養の意思の有無を確認すべきことが指示された。二〇一四年の生活保護法の「改正」は、それをあらためて生活保護法本体にさだめたものである。「一二三号通知」は、現場の社会福祉主事からきわめて不評であったし、それは現在でも変わらない。なぜならば、生活保護の相談・申請者には三親等以内の親族の氏名や住所を問われたとき、自らの状況が親族に知られることを「恥辱」(スティグマ)と感じて手続きから退出してしまう者もいる。否、長年にわたって連絡を絶っており、本当に知らない者も多い。生活保護の「抑制手段」としては「有効」であるとしても、政府は人間の生きる権利をどのように考えているのか、批判の論調もまた強く存在する。

こうした生活保護の抑制に加えて二〇一八年度からは、生活保護費の中心部分である生活扶助費の削減が始まった。生活扶助費は二〇一八年一〇月から三年をかけて段階的に国ベース(国と地方の負担割合は国四分の三、地方四分の一)で、一六〇億円を削減することになった。自治体側はこれに連動して生活保護費の削減をせねばならず、生活保護の受給者および相談・申請者を抑制していかねばならない。

さて、こうした生活保護の抑制が行政の主流となるなかで社会福祉主事の行動も、きわめて多様となる。「一二三号通知」にいかに対応するかは、彼らを悩ませたが、彼らが毎年開いている研究会では、「忠実に従ったケース」「申請者に尋ねたが分からなかったとして、初めから調査しなかったケース」「扶養義務者を聞き出したが、該当者の居住する市役所に照会しなかったケース」などが報告されている。

これらのいずれの対応が妥当ないし正しいのかは、ここでの考察課題ではない。重要なのは、上位機関がいかに詳細な執務マニュアルを作成し通知しても、それが機械的に実施に移されるわけではないことである。第一線の職員が相手にする申請者はまさに人間であって、おかれている状況は個別に異なる。第一線職員の執務能力、感性、職務についての捉え方もまた職員によって異なる。現場における職員の裁量は、こうした変数によって規定されている。結果的に、申請者の側からみれば、ケースワーカーの「当たり・外れ」によって便益が異なってくるともいえる。それはあってはならないとする「規範論」に正当性をみるにしても、政策実施をミクロにみるならば、こうした実態をともなっているのである。

●―人員の制約と行動仮説

第一線職員の勤務あるいは労働条件を特徴づけているのは、労働集約型の作業である。職務に期待される役割を十分に果たすためには人員が「不足」しているとは、当の職員のあいだばかりか外部からも指摘されがちである。もちろん、職務を的確に果たすためには一定の人員を必要とする。だが、「一定」とは何を意味するかは難しい。また、増員を必要としても、財源にかぎりがある。結局のところ、定員は漸増されることはあるとしても、第一線の職員は既存の定員を前提として職務の遂行に取り組むことになる。

この第一線職員の人員の制約の結果、彼らは職務の遂行に行動仮説を設定し、それをもとにした政策実施に努めることになる。ただし、この行動仮説が適切であるかどうかが問われる。

大手広告会社である電通の女性社員が過酷な長時間労働を強いられ、入社からわずか九か月後の二〇一五年一二月に過労自殺した。一六年九月三〇日に三田労働基準監督署は彼女の死亡にたいして労災認定した。そしてこの事態が明るみにでた一六年一〇月以降、長時間労働・過労死が大きな社会的問題とされ今日に続いている。過労死自体は長年にわたって指摘されてきたのだが、政府・企業ともに積極的に対応してきたとはいえない。

労働者の労働時間をはじめとした労働条件をさだめている法律に労働基準法がある。同法第三二条は、労働時間の上限を一週四〇時間、一日八時間とさだめている。だが、労働基準法第三六条は、雇用主が労働者の過半数代表と労使協定（三六協定）を結び労働基準監督署に届け出れば労働時間を延長できるとさだめている。延長時間の上限について一九九八年の労働省告示「労働基準法第三十六条第一項の協定で定める労働時間の延長の限度に関する基準」は、「延長限界基準」として一か月四五時間、年間三六〇時間が望ましいとした。だが、これは「告示」であって法的拘束力はない。さらに例外規定（特別条項）があり、「業務が急激に増えたとき」「納期が迫っているとき」などの「特別の事情」があれば、年間六か月までは月ごとの労働時間に上限をもうけなくてよいとした。労働基準法の労働時間規制は、実質的に「青天井」であるといえる。しかも、三六協定すら守られていない事業所も多いとされる。先の電通女性社員の過労死を事件をうけた裁判では、三六協定が一月五〇時間以内としているにもかかわらず、協定内容を一か月三時間半から最大一九時間二三分超えて働かせていたことが明らかになった。さらにいえば、三六協定を結ばずに労働者に長時間労働を強いている事業所もけっして少なくないとされている。

こうした問題状況に対処するための行政機関として労働基準監督署がある。ここに勤務する労働基準監督官は、事業所における労働契約、賃金の支払い、最低賃金の順守、労働時間、休息、労働災害補償などの労働条件を調査し、事業主に是正勧告などを実施し、さらに労働基準法違反事件について刑事告発できる司法警察権限をあたえられている。四七都道府県には厚生労働省の地方機関である労働局が設置されているが、労働基準監督署は労働局のもとに全国で三四三署もうけられており、労働基準監督官の総数（定員）は二九九一名（二〇一八年度）である。一方で事業所総数は五五七万八九七五（二〇一八年度総務省統計局経済センサス）である。したがって、労働基準監督官が全国の事業所における労働条件を定期的に検査することは、実際には不可能である。

そこで、いわゆる「優良企業」ないし「一流企業」の事業所においては労働基準は順守されており、万一問題状況が生じているとしても、労働組合と使用者とのあいだで自主的に解決される、労働基準の順守が疑わしいのは中小零細事業所であり、労働組合が組織されていても弱体である事業所であり、こうした事業所に焦点を当てるべきだ、という行動仮説が設定される。

この行動仮説にもとづいて労働基準監督官は、労働現場に立ち入る定期監督や臨検（申告監督）を実施し、労働基準法順守の実態を検査する。ただし、かりに違反事象があってもただちに刑事告発することはない。まず改善の方策を指導し一定期間までに実現することを勧告する。これは先に述べた行政指導である。こうした行政指導は中小零細事業所と労働者の生活を守るためと説明される。これは一面の真理であり強権発動ばかりが行政のとるべき方策ではない。ただし、見方を変えると労働基準法違反の事態がなくならない土壌でもあるだろう。

こうした行動仮説には大きな疑問が生じている。先に述べた電通事件のみならず「サービス残業」「過労死」といった問題事象は、「優良企業」「一流企業」といわれる事業体で次々と発生している。これらの企業にはもちろん労働組合が存在する。だが、企業別組合を組織原則としていることもあって、使用者側との協調路線を濃くしており、法令順守にむけた内部の対抗勢力としての機能を低下させている。こうして社会的規制としての労働基準の順守には、大きな穴が開いてしまうことになる。

これまで労働基準監督官・監督署を事例として、第一線の職員・機関の規制行政についてみてきた。同様の事態は、公正取引委員会のヤミカルテルをはじめとした独占禁止法違反行為の摘発や証券等監視委員会の金融商品取引業者の検査などにもいえる。彼らにとって膨大な事業所すべてを対象とした調査は不可能であり、ここでもまた特定の業界あるいは新興企業が主たるターゲットとして設定される。そして、外部から重要な告発が行われ事件あるいはニュースとして報道されないかぎり、いわゆる「優良企業」に立入り調査などが行われるのは例外といってよいだろう。

こうした実際の政策実施から考えておきたいのは、第一線職員の大幅な人員増ではない。それが望ましいとしても、限界があることは先に述べた。問われているのは、第一線の職員の政策実施活動における行動仮説の妥当性である。つまり、経済社会の実態を正確に分析し、行動仮説を見直し人的資源の投入先を修正することである。それは第一線の政策実施機関の責任であるだけではない。それら機関を傘下におく中央行政機関の責任であるといってよい。

●─第一線職員間の連携

第一線の職員が政策実施の最先端に位置しそれぞれの職務を遂行している。しかし、彼らの対象とする問題事象は単純ではない。第一線職員の権限や専門能力をはるかに超える問題状況に当面することも多い。というよりはそれが一般的であるといってもよいだろう。したがって、他の機関の職員さらには市民との連携を必要とするケースも多い。先に述べた生活保護についても、少なくとも行政上は行政委嘱員である民生委員・児童委員との連携が謳われている。民生委員・児童委員は、福祉事務所と連携して生活保護受給者との相談や生活困窮者の発見に努めることが役割とされている。もっとも、実態としてそれが有効に機能しているかどうかには疑問も提示されている。

近年、大きな社会問題となっている子どもの虐待も、都道府県、政令指定都市に設置が義務づけられている児童相談所(人口三〇万人以上で児童福祉法の政令が指定する都市、東京二三特別区も設置できる)の専門職である児童福祉司のみで対応できる問題事象ではない。

児童虐待防止法が定義する「児童虐待」とは、身体的虐待、心理的虐待、性的虐待、ネグレクト(養育の放棄、放任)である。児童福祉法は要保護児童を「保護者のない児童又は保護者のみに監護させることが不適当であると認められる児童」と定義している。当然、虐待されている子どもは、この定義にあてはまる。児童相談所の児童福祉司は、虐待されている子どもの早期発見、保護者の指導、一時保護施設をふくめた児童養護施設への入所とそこでのケア、さらに保護者の教育などを任務としている。だが、そもそも虐待されている子どもの早期発見といっても、子どもが児童相談所や学校の教員に自己申告することは稀であり、多くの困難がつきまとっている。

二〇〇四年に改正された児童虐待防止法は、市町村における要保護児童対策地域協議会の設置を義務づけた。協議会のメンバーはその市町村を所管する児童相談所の児童福祉司、市町村の児童課（名称は多様）職員、保健所ないし保健センターの職員（保健師）、小中学校の教員、地域の医師などである。これは虐待されている子どもの早期発見のためのネットワークであるといってよい。それにもとづき児童福祉司が職権で先に述べたような対応をとることが想定されている。

こうした早期発見のための協議会自体は、事態の深刻さを反映するものであり、設置目的の達成にむけて機動的に活動することが期待されている。ただし、学校や幼稚園の教員、保育所の保育士は、自らの職務で手一杯であることも事実だ。保健所や保健センターの保健師も母子健診で虐待されている子どもを発見する機会はかぎられる。地域の医師は、虐待されている子どもをともなった保護者が診察に訪れないかぎり、発見するのは難しい。そして何よりも地域協議会は市町村に設置が義務づけられているのだが、児童相談所を設置していない市町村が大半である。市町村の児童課の職員は多くが一般職であって専門職員ではない。複数の市町村を担当する都道府県の児童相談所の児童福祉司の員数もけっして十分ではない。児童福祉司の配置基準は、児童福祉法施行令（政令）第三条で、二〇一六年度から人口四万人につき一人以上とされ（それ以前は、人口四万人から一三万人に一人）、地方交付税の基準財政需要額で措置されることになっている。だが、これは配置基準であるから、自治体が自主財源を投入して増員をはかってきたわけではない。したがって、マスメディアなどで子どもの虐待が大きく報道されながらも、児童福祉司を核とした早期発見のネットワーク（地域協議会）が、所期の目的を達成しているとはいい難いのである。

このようにみてくるとき、第一線職員の職務環境は、きわめてきびしいといえよう。先に述べた労働基準監督官も同じだが、職務遂行のための問題事象の発見は本来、彼らのみでできるものではない。だがその発見のためのネットワークといっても、かならずしも有効に機能するものではない。同時にまたそれは人権やプライバシーに配慮しない監視の強化であってはならない。第一線の職員はたしかに職務の遂行にあたって裁量を行使している。しかし、それも所属する機関の上部からの指示に規定されるところが大きい。それを無視した職務の遂行はありえない。外部からは第一線職員の活動に疑問が提示されようが、ここで指摘しておきたいのは、こうした第一線職員の政策実施活動の実態である。

5 政策コミュニティの権能

政策コミュニティの形成

政策の実施をそこに登場するプロフェッション（専門技術集団）の観点からみてみよう。政策の作成と実施には多くのプロフェッションがかかわっている。ここにいう政策コミュニティとは、それぞれの政策・事業分野に形成されているプロフェッションを意味している。

先に公共事業の節で河川について触れたが、一級河川水系の管理には、国土建設省本省・地方整備局・河川事務所の技術職員のみならず都道府県の技術系職員にくわえて、設計コンサルタント、建設会社の技術者、さらに河川審議会のみならず行政機関の設置する研究会などに河川工学などの学者や研究者がくわわっている。プロフェッション間の連携は、河川管理の細かな分野ごとに異なっているが、彼らの連携のもとに河川法令の「改正」、河川整備計画の作成から、各地点における具体的整備事業の立案と実施が展開され、全体として河川行政が展開されているのである。

近年、重要度が一段と増している高齢者介護という政策領域を取り上げても同様である。この分野における法令をはじめ職務マニュアルの作成と実施にかかわる行政職員にくわえて、ケースワーカー、ケアマネジャー、医師、保健師、看護師、理学療法士など多様なプロフェッションがかかわっている。彼らの身分は行政職員であることもあれば、民間人であることもある。

こうした多様なプロフェッションのかかわりは、ほとんどすべての政策分野にみいだすことができる。きわめて権力的な税制策の実施にあたっても、技術としての税制の構想から作成、さらにその実施過程には、税制に精通した官僚や学識者にくわえて、税務署職員、公認会計士、税理士といったプロフェッションが登場する。

こうした政策コミュニティは、行政職員であるプロフェッションを核にしながら、その外延部を各種のプロフェッションが二重・三重に取り囲む構造となっているといってよい。そして、それぞれのプロフェッションは、個々の職分に応じた専門能力にもとづいて仕事をこなしているだけではない。そもそも、それぞれの政策コミュニティには、仕事の処理に関係する法律、政令、省令さらに職務遂行の基準、手続きなどのガイドラインが機能している。予算面においても歳出予算の獲得に始まりその配分、具体的使途の決定や精算や監査の手続きなどが機軸となっている。政策コミュニティが「コミュニティ」である所以は、たんに政策分野がそれに密着する多様なプロフェッションによって構成されていることを意味しているのではない。政策分野に機能している規範や行為準則、事業のガイドラインなどが、プロフェッションの「協働」によっているところにある。

●──政策コミュニティと情報回路

政策コミュニティをささえている規範やガイドラインは、コミュニティの核心でつくられ外延部にむけて発信されていくだけとはかぎらない。外見的にはそのようにみえようとも、外延部から核心にむけた情報回路もつくられている。法令の解釈、予算の使途などの政策実施に深くかかわる事項はコミュニティとしての作業であるといってよい。

これは医療政策分野をみれば、わかりやすいだろう。政権や財務省は医療政策における政府の責任領域の縮小を絶えず指向する。だが、診療報酬や薬価基準、医療施設の配置やベット数の規制などを中心とした医療政策は、厚生労働省本省や都道府県の医療行政職員のみによってになわれているのではない。行政職員を中核としつつも、その外延を医療にたずさわるプロフェッションが取り巻いており、しかも彼らは医療関係族議員集団を介することで核心の行政職員（部局）ときわめて近い関係を取り結んでいる。両者（行政と外延）のあいだの境界は実に不鮮明であり相互に浸透している。つまり、政策の実施は、ここにみるように行政機関のプロフェッションとそれを取り巻いている外延部のプロフェッションとの相互浸透が行われつつ推進されているのである。

●—政策コミュニティと政策のイノベーション

政策や事業がなぜ社会経済環境の変動に的確かつ迅速に対応しないのかは、政策実施にともなう重要な論点である。政策の作成と実施がひとつの連鎖を形成しているという観点に立てば、政策の作成や実施過程に形成されている政策コミュニティの強靭さの程度を問わねばならないだろう。先にも述べたように、政策コミュニティは専門的知識や技術、法令や予算の解釈や実行についての認識共同体であるといってもよい。したがって、この認識共同体がきわめて強固につくられているばあいには、政策のイノベーションについての社会的要求が生じても、それは「素人の意見」あるいはゼロリスクをもとめる「情緒的反応」として退けられがちとなる。

二〇一一年三月の東京電力福島第一原子力発電所の未曽有の過酷事故を機として、「原子力ムラ」なる言葉が、一挙に時代の「流行語」となった。これは国家に主導された政・官・業・学さらには一部の自治体をも巻き込んだ強靭かつ大規模な政策コミュニティである。資源小国の経済発展のためには原子力発電の推進が不可欠との国家目標のもとで、官僚機構、原子力工学者、電力会社や重電メーカーの技術者は、まさに一体となって原子力発電所の新増設にむけて邁進してきた。彼らは原子力発電の効率性を述べるだけでなく、多様なメディアを通じて「絶対安全」を繰り返し強調してきた。さらにはCO_2の削減が世界的に政治課題とされるなかで原子力発電はCO_2を出さない「クリーンなエネルギー」とPRしてきた。また原発の立地自治体と周辺自治体には「電源三法交付金」が交付されてきたが、立地自治体はそれによる地域活性化を唱え、強靭な政策コミュニティを下支えした。

原発が次々と設置される過程において「未完の技術」として原発の危険性や地震・津波にたいする原発の脆弱性を論じる研究者も多数いたし、立地自治体の住民による反対運動も起きた。また一九七九年にはアメリカのスリーマイル島原発、八六年には旧ソ連（現ウクライナ）のチェルノブイリ原発の過酷事故が起きている。日本の原発でも大小多数の事故が生じている。だが、こうした議論や運動や事故は、国家的共同体というべき「原子力ムラ」に政策イノベーションを促すにはいたらなかった。福島原発のシビアアクシデントは、「事故は起こりうる」ことを事実をもって示した。

しかし、あれほどの重大事故を引き起こしたものの政府は原発を「ベースロード電源」と位置づけ、二〇三〇年までに三〇基程度の原発の稼働を見込んでいる。福島の過酷事故後、一時的になりを潜めていた「原子力ムラ」も原発の推進を謳っている。

こうした状況をどのように打開していくかは、最終章で考えることにする。ここで指摘しておきたいのは、強靭な政策コミュニティが政策のイノベーションを阻害しているだけではなく、政策に関する思考を固定的にしてしまいがちなことである。

4章 政策の実施と地方自治

1 日本の政府間関係と集権・融合

近代国家における中央―自治体関係の類型

政策の作成と実施の考察にとって、中央政府と地方政府（自治体）の政府間関係の構造と機能は、欠くことのできない視点である。これは見方を変えると地方自治のあり方でもある。民主主義政治体制は権力の分立を政治原理としているが、それはいわゆる立法、司法、行政の分立にとどまるものではなく、中央政府と地方政府の権力の分立・対抗を意味している。むしろ、この権力の分立こそが民主主義政治体制の根幹であるといってよい。そこに地方自治のあり方が民主主義政治体制の評価にさいして重要な論点とされる理由が存在する。

近代国家における地方自治について、「アングロサクソン型」と「大陸型」の二つの類型が、地方自治の講義やテクストで紹介されることがある。きわめて概括的にいうならば、「アングロサクソン型」

とは、イギリスを母国としてカナダ、オーストラリアなどの英連邦諸国やアメリカにみられる形態である。近代イギリスにおいては国王権力にたいする封建領主の抵抗は比較的弱かった。国王は国の行政区画である県（county）に治安判事を配し集権的行政体制を整えたが、治安判事に任命されたのは国の役人ではなく、地域の名望家層であった。また教会区（parish）や自治都市の自治も基本的に認められた。一九世紀になると県に議会（council）の設置も認められた。こうして中央政府と地域社会の自治体とは、責任を分担し合うことになる。中央政府と自治体の権限関係は、法的にみると制限列挙方式をとっている。つまり法律によって明確に自治体に授権された事項のみが自治体の権限とされる。

これにたいして「大陸型」とは、フランス、オーストリア、ドイツなどの大陸諸国における地方自治の類型とされる。近代国家を打ち建てた絶対君主は、封建的な領主国家を解体して集権的支配機構を確立した。従来の領主国家の境界を無視した地方行政区画を設定し地方行政機関を設置した。その長（知事）には国の役人を派遣した。地域社会の基層には「自治団体」がおかれたが、その権限は概括授権方式によった。そこでは中央と自治団体との権限は明確に分離されておらず、まさに概括的に例示されたにすぎない。しかも、自治団体は地方総合出先機関である県（知事）の行政統制をうけており、さらに中央政府には内政の総合官庁である内務省がおかれた。

こうした近代国家誕生の歴史過程から二つの地方自治の類型がうみだされた。「アングロサクソン型」の中央政府と自治体の関係は分離・分権型として描かれ、「大陸型」のそれは集権・融合型とされてきた。見方を変えると、アングロサクソン型の中央政府と地方政府との関係は政府と政府の関係であり、大陸型のそれは行政機関と行政機関との関係ということもできよう。

近代国家における地方自治の二つの類型は、今日なおそれぞれの国に制度的特徴として残存している。だが、現代国家における政府職能の拡大にともない、両者の差異は明確に類型化できるほど際立っているわけではない。「大陸型」といわれる国では、中央と地方との融合関係が一段と進行したのはいうまでもないが、民主主義政治体制の発展とともに、自治・分権を基軸とした地方制度改革が進行した。そして、政府と政府の関係としての相互依存関係を深めている。他方において「アングロサクソン型」の国においても、中央政府と自治体との相互依存関係が強まっていった。分離・分権型の地方自治制度として括ることはできないといってよい。

とはいえ、双方ともにその実相は一口で語れるほど単純なものではない。中央政府と自治体との法的権限関係や税財源のシェアの実態、影響力行使の情報回路の特徴、施策や事業実施における人的資源の実際のあり方などによって様相を異にする。ここでの論点は、歴史的に形成されてきた制度のもとで、いかなる相互依存関係がうまれているか、それが政策の作成や実施にどのように機能しているかであって、相互依存関係一般にあるのではない。

●──戦後民主改革と制度的枠組み

日本の中央政府と自治体との関係は、一般的にいうと集権・融合関係を特徴としているといってよい。一八八〇年代後半に制度的に確立された中央─地方関係は、先にみた「大陸型」であった。明治憲法には地方自治に関する規定は一条たりともさだめられなかった。地方団体法である府県制は、府県を法人格をもつ自治団体とし、知事によって代表され統轄されるとした。府県には府県会なる議会も設置された。だが、府県が「自治団体」であるというのは名ばかりであった。団体としての府県は、権力的規制権限をもたない非権力的団体であった。

戦前期の中央―地方関係の根幹に位置したのは、府県を代表し統轄するとされた知事である。知事は地方官官制（勅令）によって普通地方行政機関とされた。つまり、知事は中央各省の総合的地方行政機関と位置づけられた。知事は内務省の高級官僚であり内務相によって任命された。そして、内務相によって人事・組織にわたる指揮監督をうけつつ、内務省をはじめ中央各省の所掌する事務を各省大臣の指揮監督のもとに実施した。知事だけが内務官僚であったのではない。府県庁の幹部もまた内務官僚だった。要するに府県は中央の地方行政区画だったのである。市町村もまた市制・町村制なる地方団体法で設置され、市会・町村会なる議会も設置されたが、非権力的団体であった。

アジア・太平洋戦争の敗戦後、GHQのもとで政治・行政、経済社会の全般にわたる民主改革が進められたが、地方制度改革は中央から地方にいたる官僚機構の支配体制の改革として推し進められた。日本国憲法第八章に「地方自治」がさだめられた。そして男女平等選挙権のもとで知事と市町村長の直接公選制が導入された。同時に男女平等の選挙権のもとで自治体議会が設置された。そして、自治体の意思決定は、首長・議会なる二つの住民の代表機関の抑制と均衡によることが基本とされた。これは一般に二元的代表制といわれるが、少なくとも制度の大枠からいえば、戦後民主改革は自治体という地方政府をうみだしたのである。

●—機関委任事務制度とその廃止

ところが、この大きな制度改革の裏面において戦前期体制の実質的な継続がはかられた。つまり、機関委任事務制度の導入である。これは個別の法律ないし政令で自治体の首長である知事ないし市町村長、都道府県や市町村の行政委員会を、法令を所管する各省大臣の地方機関と位置づけ、主務大臣（実際には各省官僚機構）の指揮命令のもとに業務を処理させるものである。自治体の機関は、法令はもとより各省官僚機構の発する通達にもとづき行動することをもとめられた。

機関委任事務制度に着目すれば、知事直接公選制に代表される戦後民主改革は、「器の改革」にすぎなかった。もちろん、一九四七年一二月の内務省の解体、警察行政や教育行政の分権的改革が進められたが、それらはいずれも一九五〇年代に修正される。戦後の中央—自治体関係は、戦前期体制が払拭されないままであった。しかも、戦後の経済発展とともに、機関委任事務の件数は増加の一途をたどった。地方自治法の別表第3および第4に記載された都道府県、市町村への機関委任事務の件数は、一九五二年には二五六件だったが、一九六二年に四〇八件、一九九五年には五六一件となっていた。

一九九〇年代初頭に政治改革の一環として地方分権改革が政治課題とされた。一九九五年に地方分権推進法が制定され、これにもとづき地方分権推進委員会が設置された。同委員会の第一次から第四次の勧告にもとづき地方分権一括法案がまとめられ、九九年の通常国会に上程された。同法案は九九年七月に成立し、二〇〇〇年四月に施行された。こうして、五六〇件余の機関委任事務は廃止され、自治事務、法定受託事務、わずかな国の直接執行事務に再編成された。

このように、二〇世紀の最晩年になって、法制度の大枠としていうかぎり、中央各省と自治体は「上下」の関係から「対等」の関係へと改革された。先に自治体の政治制度を二元的代表制と述べた。だが、機関委任事務のもとで自治体議会は、国の事務である機関委任事務に関与できなかった。いまやその制約はなくなり、二元的代表制はそれが機能する制度条件を得たのである。

●—相互依存関係の集権性

さて、これまで現行憲法のもとでの中央—自治体関係の制度枠組みと二〇〇〇年の地方分権改革による変化をみてきた。機関委任事務制度のもとでの中央—自治体関係は、機関と機関の関係を基本としていた。しかし、誤解をさけなくてはならないのは、こうした機関と機関の関係にあっても、自治体はただ機械的に中央各省の事務を遂行してきたのではないことである。憲法第八章と地方自治法は、自治体に自治立法権（条例制定権）をさだめた。自治体の条例制定権にも、「法令の先占理論」をはじめとして多くの制約が課された。「法令の先占理論」とは、きわめて概括的にいうと、法律および政令が明示的のみならず黙示的にも先占している機能領域には、法令の委任がないかぎり条例を制定できないとするものである。だが、これは一九六九年の東京都公害防止条例によって打ち砕かれた。それは当時の深刻化する公害・環境問題をまえにするとき、ほとんど機能しない国の公害関係法令に甘んじてはいられないとする自治体による発議であった。今日においては、「法令の先占理論」を語る中央官僚も行政法学者もいないが、当時としては画期的な自治の取り組みだった。

その後、一九八〇年代に自治体は情報公開条例、環境アセスメント条例など国の法令が空白である領域に条例を制定していった。東京都公害防止条例とそれに続く同種の条例は、国の公害関係法令の大改正と環境庁の設置をうながした。情報公開条例や環境アセスメント条例も、のちに情報公開法、環境アセスメント法の制定につながった。こうした状況は「政権交代なき政策転換」ともいわれた。機関委任事務制度「全盛」時代においても、自治体は国の機関の行動に受動的にしたがっていたわけではない。

こうした過去の自治体による「政策実験」の試みは、自治体の底流に引き継がれているとみておきたい。首長は自治体の政治的代表機関として補助機関である職員機構を活用し、施策・事業に創意をくわえている。たとえば、先進的な自治体が制定している公契約条例がある。これは自治体発注の事業の契約にあたって、請負業者に従業員の賃金をはじめとした労働条件の「適正さ」を確保しようとするものである。行政ばかりか民間事業者発注の事業において請負業者の従業員雇用は法令を順守しているのか、多くの疑問が提起されている。それにたいし条例をもって自治体から改革の先鞭をつけようとするものだ。

しかし、前章で触れたように、中央各省と自治体職員を貫く政策コミュニティが形成されており、中央からの指導、助言、指示といったガイドラインが、自治体における政策実施に大きな影響力をもっていることも事実である。また、自治体レベルでの政策実施には、首長、議会議員、地元選出の国会議員などの政治アクター、プロフェッションとしての職員、業界団体などの利益集団などアクターが登場する。これらのアクターは自治・自律と他の自治体との「競争」を語りつつ、その実、「横並び指向」を追求する。中央の指導で始まった「平成の市町村合併」などは、近年の典型といってもよい。

中央と自治体との政策実施における相互依存関係は、先に述べた歴史的伝統のもとに社会経済の複雑化とともに強まっている。これ自体は不可避の傾向といってよい。とはいえ、政策実施における相互依存関係において自治体はいかに相対的「自律性」を発揮しているだろうか。言い換えれば、中央政府の政策指向に自治体はどのように対応しているかが、考察の焦点とされるべきであろう。以下、次節以降では、政策実施のアクターとその思考を基軸として政府間関係と政策実施における近年の特徴をみていくことにしよう。

2 公共サービスと政策実施

公共サービスの提供と民間事業者の参入

自治体における公共サービスの提供は、長いこと自治体の行政機構を構成する自治体職員によって行われてきた。こうした公共サービスのいわゆる行政直営にひろく疑問が提示されるようになったのは、一九九〇年代後半からであるといってよい。それは日本だけのことではなく先進国における新自由主義の席巻によっている。そしてこの傾向は、強まることはあっても弱まる動きをみせていない。日本でも二〇〇一年に成立した小泉純一郎政権は、「構造改革」を掲げ政府事業の民営化や規制改革をアピールした。この政権の動きに連動するかのように、社会には「民間にできることは、できるかぎり民間にゆだねる」あるいは「官民協働」といった言葉が流布されていった。

二〇〇六年には「競争の導入による公共サービスの改革に関する法律」(市場化テスト法)が制定さ

れた。これは既存の公共サービスについて、官民競争入札を実施し、実施事業者をきめようとするものである。また二〇〇九年には、公共サービスの民間による実施が進展をみるなかで、「公共サービス基本法」が制定された。これはあらためて公共サービスなるものを定義し、官と民の役割分担と責任、国民の意見の反映をもとめたものだが、「基本法」の名称が物語るように、理念を規定したものだった。

こうしたなかで、国の法令を基本的根拠としつつ施策・事業を実施してきた自治体に大きな影響をもたらしているのは、二〇〇三年の地方自治法の一部改正で導入された「指定管理者制度」であるといえよう。これは「公の施設」（住民の福祉を増進する目的をもってその利用に供するための施設―地方自治法第二四四条第一項）の管理を、一定のノウハウをもつ民間事業者などにひろくゆだねようとするものである。

従来、公の施設は、設置者である自治体が直接管理するか、当該自治体が五〇％以上出資する法人（いわゆる第三セクター）および公共的団体（生協、農協、社会福祉法人など）への管理委託にかぎられており、株式会社などの営利法人に管理委託することはできなかった。しかも、施設の管理権限と責任は設置者である自治体に留保されており、施設の使用許可権限などを委託できなかった。

だが、指定管理者制度では委託先は民間事業者に幅ひろく開放されている。事業者の選定は公募を原則とし議会の承認を必要とするが、何よりも特徴的であるのは、条例でさだめる上限を超えない範囲で施設の利用料を設定でき、施設の開館・閉館時間、施設でのイベントなどの自主事業を実施できることだ。

地方自治法のさだめによる指定管理者制度は、一方において個別の施設ごとの管理法である図書館法、博物館法、病院法、社会福祉法や児童福祉法の制約をうける。だが、これらの施設管理に関する法律は、指定管理者制度そのものの適用を排除するものではない。

　指定管理者制度のもとでは、自治体行政にとって財政の硬直要因ともなりがちな人件費の削減を進めることができる。また「お役所仕事」なる批判をときに招いてきた公共サービスだけに、民間事業者の「知恵」「ノウハウ」による公共サービスの質の改善をアピールできる。一方の事業参入を考える民間事業者にとっては、何よりも自治体が整備した既存施設で事業展開できるゆえに、初期投資を削減できる。それればかりか、基本的に自治体なる地方政府の事業であるゆえに、公的資金で事業展開できるばかりか、事業の信用が自治体によって「裏書き」される。

　こうした自治体側と事業者側のメリットが重奏的な効果を発揮し、指定管理者制度は急速に各地の自治体に波及するとともに、参入する事業者も増加した。自治体は指定管理者制度をもちいて保育園、図書館、美術館、ホール、記念館などの管理運営を民間事業者などにゆだねていった。こうして、従来の自治体の行政運営に照らせば、各種の施策・事業の実施は大きく変化した。

●―サービスの質をどのように確保するか

　指定管理者制度の適用が全国的に進んでいる施設に公立図書館がある。従来のある意味で「殺風景」な書架と閲覧デスクの配置といった館内の設計を大幅にあらため、図書の検索や資料収集を容易にした図書館もあれば、幼児を連れた保護者（主として母親）が読み聞かせできるスペースを整えたところもある。また小規模なイベントを企画し図書館を身近な近隣施設へと変化させたところもある。

指定管理者制度がこうした行政直営時代にみられなかった施設の変化をうながしている側面は評価されてよいだろう。しかし、その一面でサービスの質についての疑問も提起されている。公立図書館は図書館法にもとづき専門職である司書の配置を義務づけられている。指定管理者もそれを順守せねばならない。だが、経営効率を追求する事業者のなかには、人材派遣会社からの派遣にもとづく司書や任期付き司書の採用で充当している業者もいる。蔵書選定の体系のなさが全国的なニュースとなった図書館もあれば、任期付き司書の再雇用をめぐって労働争議となった図書館もある。こうした事態に垣間みられるのは、管理委託をうけた事業者に図書館運営の基本ポリシーが明確でないことともに、自治体に公立図書館のあり方に関する確固たる理念が欠けていることである。

民間事業者による公共サービスの提供をめぐる「サービスの質」問題は公立図書館にも増して保育所において深刻であるといえよう。一九九八年四月に施行された改正児童福祉法は、保育所への入所を「措置」から「契約」に変えた。つまり、行政庁の処分として行われた入所決定から、設置者と入所希望者の対等な契約行為への転換である。ただし、保育行政については「措置」の段階においても、行政権力による処分行為との色彩はそれほど濃厚ではなかった。

さらに二〇〇〇年には営利企業の保育所事業への参入（認可保育所については都道府県の認可が必要）が認められた。こうした経緯をへて指定管理者制度の導入とともに、自治体は公設直営の保育所を次第に指定管理者に委託していった。指定管理者を指向する株式会社等も多く、民間事業者を選定する自治体は増加した。また、指定管理者制度による保育所事業の受託とは別に、認可保育所としての保育所を経営する民間事業者も増加した。

　ここでの「サービスの質」をめぐる問題は、子どもたちの生活にかかわる保育所であるだけに、図書館にも増して社会的に議論されている。指定管理者制度のもとで保育事業を受託した民間事業者であれ、独自に開所した事業者であれ、認可保育所であるかぎり保育士の子どもの年齢に応じた配置基準（たとえば、一歳児については子ども六人に保育士一人）は順守される。ただし、保育士の資格は必要だが、経験年数や職業能力に応じた採用は事業者の裁量行為である。したがって、保育士の若年化による経験年数の短さなどが問題視されている。さらには、保育士の給与の低さやそれゆえの退職なども議論され、「良質」な保育が損なわれているとの議論も根強い。もちろん、民間事業者による認可保育所がおしなべて「保育の質」問題を抱えているわけではない。だが、「保育の質」をめぐって保護者と事業者とのトラブルが各地でうまれていることも事実である。

●―公共サービスと自治体によるコントロール

　公共施設におけるサービスの提供業務は、すべて自治体職員によってになわれるべきであるとはいえないであろう。公設直営ですべてのサービスを実施したからといって、良好なサービスが提供されるとはいえない。そこに、財政問題を根拠としつつ「民間でできることは民間で」との言説が社会的に支持される理由があろう。

　ただし、そのばあい公共サービスの「公共性」とは何かが、熟慮されねばならない。民間人のコレクターが自らの価値観や審美観にもとづいて収集した作品を「資料館」「図書館」「美術館」などとして一般公開することにも、一定の社会的かつ学問的意義がある。けれども、税を基本としてこれらの施設を建設するかぎり収蔵される著書や作品は、ひろく普遍性と社会的財産としての意味をもつものであって、何人にも無料ないし廉価で公開されねばならないであろう。保育所にかぎらず特別養護老人ホームなどの福祉施設もまた、入所の機会を何人にも保障するとともに、人間としての権利を具体的サービスのなかで実現し拡充するものでなくてはなるまい。

指定管理者制度は、今後も多くの自治体の公共サービスの提供に適用されていくことであろう。現行制度のもとでは、委託先は個人を除く民間事業者やＮＰＯとされ、原則として公募されることになっている。また選定にあたっては議会での議決を必要とする。業務内容は先に述べたとおりだが、委託期間は法定されておらず、自治体にゆだねられている。なかには明示されていないものも多い。

このような現状の制度に照らすとき、公募の審査は多様な市民を交えた公開度の高いものとされねばなるまい。議会の議決は応募者の事業能力、財務能力をふくめて具体的に事業実施の考えを聴取し、それにもとづく議論のうえでの議決でなくてはなるまい。さらに、すべての委託契約は有限とし、定期的に（年度ごとに）ひろく市民から構成された評価委員会で事業実施を評価すべきである。

しかし、こうした改革が指定管理者制度にもとめられているものの、より根本的問題といいながら、中央の発する新たな政策実施制度に「バスに乗り遅れるな」とばかりに依存する思考である。ここでは自治とは何かが、あらためて問われているといえよう。

3 指導・助言と政策実施

対等な制度関係と指導・助言

機関委任事務制度が中央―自治体関係の基本におかれていた時代には、中央各省と自治体の首長や行政委員会は、個別の機関委任事務ごとに同一行政庁内の上級機関と下級機関の関係にあった。もちろん、こうした時代にも上級庁である中央各省は、自治体の機関に事務執行の助言・指導を行ったが、中心におかれたのは各省の法令解釈や規則にもとづく通達であった。通達は同一行政庁の上級機関が下級機関に発する行為準則であるから、下級庁はこれに反する行動をとることはできない。しかし、先に述べたように二〇〇〇年四月の第一次地方分権改革によって機関委任事務制度は全廃され、自治体にたいする通達は法的意味を失った。

この改革によって論理的に想定されるのは、自治体と中央各省が法令の解釈をめぐって意見を対立させる事態がうまれることである。そのような事態にそなえて二〇〇〇年の地方分権改革は総務省の付属機関として国地方係争処理委員会をもうけた。ここでは自治体側からのみ係争についての審査をもとめることができる。法令にもとづく自治体の施策・事業の実施にとって重要な意義をもつ委員会であるといえよう。国地方係争処理委員会の現在のあり方については終章で述べるが、全体状況からいえば「開店休業」状態であるといってよいだろう。このことは中央―自治体関係を考察するさいの重要な焦点とされるべきである。

ともあれ、「通達」は存在しなくなったものの、中央各省から自治体のそれぞれ関連する機関に、指導・助言といった政策・事業の作成や執務執行のマニュアルなどが多数通知されている。繰り返すようだが、それらには法的にも行政上も強制力はない。だが、実質的に自治体はそれらを受容し、政策・事業を作成し実施する傾向にある。

指導・助言による政策実施は細かな分野におよぶが、近年の大規模かつ全国的に効果を発揮した事例は「地方創生」であるといってよいだろう。

安倍晋三政権は、二〇一四年九月の内閣改造時に「地方創生」を重要政治課題であると位置づけ担当大臣をおいた。首相を本部長とする「まち・ひと・しごと創生本部」を内閣官房にもうけ、また一二月には「まち・ひと・しごと創生法」を制定した。この急な政治・行政課題の浮上は、一四年五月に企業人、労働組合幹部、学識者などで構成する日本創成会議が、二〇四〇年には全国の自治体の約半数におよぶ八九六自治体の存立が危うくなるとするセンセーショナルな報告を公表したことにうながされたといえよう。すでに日本の総人口の減少は、社会保障・人口問題研究所などによって推計されている。だが、具体的自治体名をあげて「自治体消滅」を指摘した右の報告は社会に衝撃をあたえた。政権は支持基盤を固めるために、それをうまく利用したのは否めない。

内閣官房まち・ひと・しごと創生本部事務局は、「地方人口ビジョン・地方版総合戦略の作成に当たっての参考資料」を作成するとともに、各自治体に二〇一五年中の地方総合戦略の作成をもとめた。「参考資料」は地方版総合戦略においては、①地方における安定した雇用を創出する、②地方への新しいひとの流れをつくる、③若い世代の結婚、出産、子育ての希望を叶える、を柱とした施策を整えることをもとめた。そして、それぞれについて具体的施策例とそれについての重要業績評価指標を参考例として掲げた。

自治体が地方版総合戦略を作成することは義務ではない。だが、ほぼすべての自治体が地方版総合戦略の作成に取り組み、一五年初夏には作成を終えている。しかし、考えてみればすぐにわかることだが、自治体の将来にかかわる計画（戦略）が、これほど短期間に作成できるものではない。案の定、地方版総合戦略は、自治体がそれまで作成し実行してきた基本構想・基本計画（具体的名称は多様）を、先の「参考資料」なるガイドラインにそって再構成したものがほとんどであった。

こうした状況をいかに考えるか。評価は多様であるだろうが、指導・助言によって自治体をコントロールしていこうとする中央各省の指向性が、地方分権改革が政治アジェンダとして薄らぐことによって、強まっていることをしめすであろう。それを裏返していうならば、自治体側もかつての「政策実験」を試みた時代とは異なり、地域政治の活力を欠いていることのあらわれといってよいであろう。

●—教育政策と指導・助言——戦後改革による枠組みとその修正

地方創生政策における自治体の「従順」な対応は、「自治」とはどうあるべきかを教えているが、中央の指導・助言を行政の根幹として展開されてきたのは、自治体の教育行政であるといえよう。

自治体の教育政策の対象範囲はきわめて広範である。初等中等教育から高等教育・研究、生涯学習(社会教育)にまでおよぶが、基礎自治体である市町村に深く関係しているのは、小中学校義務教育(基礎教育)と生涯教育である。もちろん、市のなかには大学・大学院、高等学校を設置しているところもある。また都道府県は高等学校を設置するとともに、近年ではすべてが公立大学を設置している。こうした広範な教育をになう自治体だが、以下で扱うのは、小中学校を舞台とする教育政策と実施である。この分野が政府間関係と政策の実施を考えるにあたって、もっとも適切と思えるからである。

第二次大戦後の諸制度の民主化のなかでも教育行政制度の改革は、ラディカルなものだった。戦前期の国家主義的教育体系は否定され、教育行政の地方分権化と教育の民衆統制が基本とされた。実際、一九四七年三月、前年一一月に公布された日本国憲法をうけて、教育基本法、学校教育法、教育委員会法のいわゆる教育三法が施行された。教育基本法は日本国憲法の理念を実現するために教育があることを宣言した。学校教育法は教育基本法のもとでの学校の種別、市町村などの責任をさだめた。そして教育委員会法は、教育基本法の理念を実際の教育に生かすために教育の民衆統制が不可欠であるとして、都道府県、市町村に住民の直接公選によって選出された教育委員から構成される、首長から独立した行政委員会としての教育委員会をもうけ、地域における教育行政機関とするものだった。

ところで、GHQのもとで進められた教育行政の民主化であったが、今日なお「謎」とされているのは、文部省（現文部科学省）の存続である。警察権まで握り内政に絶大な権力を振るった内務省は解体された。だがGHQは、国家主義教育＝皇民教育をになった文部省の存続を許容した。一九四九年に制定された文部省設置法（戦前期には勅令である文部省官制が設置の法的根拠）は、文部省の主たる任務を地方教育への指導・助言にあるとした。さらに五二年に改正された文部省設置法は、文部省に地方教育委員会への勧告権を付与するとともに、学習指導要領の作成は文部省の恒久的事務であると規定した。地方教育委員会にたいする統制権限を否定された文部省は、指導・助言による教育行政の実質的コントロールに、自らの存在証明を懸けたといってよい。ここに今日にいたる教育行政の問題の根があるといってよい。

戦後の教育行政の地方分権化と民衆統制には、日本の独立回復後の一九五六年に重要な修正がくわえられた。教育三法のうちの教育委員会法は廃止され、新たに「地方教育行政の組織と運営に関する法律」（以下、「地方教育行政法」）が制定された。行政委員会としての教育委員会は存続したが、教育委員の直接公選は廃止され、教育委員は自治体の首長が議会の同意を得て任命するとされた。また教育委員会事務局の長である教育長については、知事は任命にあたって文部相の事前の承認を必要とした。しかも、教育長は一般職公務員であって教育委員ではない。市町村の教育長は教育委員のなかから互選で選出され任命されたが、首長は任命にあたって都道府県教育委員会の事前の承認を必要とした。

また、地方教育行政法は教育委員会法のさだめていた条例案の作成権限や予算の提出権限を制約し首長の権限とした。他方において教育委員会の「事務」は「職務権限」とされた。従来の「教科内容及びその取扱い」は「学校の組織編制、教育課程、学習指導、生徒指導及び職業指導」とされ、教育委員会の職務が拡大された。さらに地方教育行政法は、文部相・都道府県教育委員会は、指導・助言・援助を「行うものとする」としたばかりか、地方教育行政が法令違反や適正を欠くと認めるときに、是正措置を要求しうると定めた。これらは一九五二年に改正された文部省設置法に新たな法的根拠をくわえたものである。

こうした教育委員会法の廃止・地方教育行政法の制定には、教育行政学者をはじめとする学識者、市民、労働組合などから「教育の政治的中立性」をおびやかすものとのきびしい批判が展開された。たしかに、その要素を否定するのは妥当でない。ただし、教育行政体制としていうと、文部省官僚機構―都道府県教育長（教育委員会）―市町村教育長（教育委員会）にいたる「タテの行政系列」がつくられ、教育行政関係者が語る指導・助言・援助といった「ソフトな行政」が、「タテの行政系列」を特徴づけたことこそ、重要であるといわねばなるまい。

●―二〇〇〇年改革と市町村教育委員会の「自由度」

先に述べた二〇〇〇年四月の第一次地方分権改革は、教育行政制度にもおよんだ。従来、戦後改革の経緯もあって自治体の教育委員会や首長にたいする機関委任事務の件数は少なかった。一九九五年段階で、都道府県教育委員会にたいするもの一九件、知事にたいするもの八件、市町村教育委員会にたいするもの一〇件であった。これらの廃止をふくめて地方分権一括法によって改正されたのは、地方教育行政法や学校教育法をはじめとする二一本の法律であった。改正の要点を大きくまとめると次の三点である。

第一は、教育長の任命手続きの改革である。都道府県教育長にたいする文部相（文部科学相）の事前承認と、市町村教育長にたいする都道府県教育委員会の事前承認は、ともに廃止された。そして、都道府県の教育長は市町村の教育長と同様に、教育委員のなかから互選で選出され任命されることになった。

第二は、市町村教育委員会にたいする統制が、法制度上弱められたことである。地方教育行政法第四八条第二項が文部科学省および都道府県教育員会による包括的な指導・助言・援助をさだめていることに変わりはないが、第一項が必要な指導・助言・援助を「行うものとする」としていたのを、「行うことができる」とあらためられた。また機関委任事務制度の全廃にともなって、地方教育行政法第五五条が削除され、国（文部科学省）の地方教育委員会にたいする指揮監督権限がなくなった。さらに、地方教育行政法第五二条がさだめていた文部相ないし都道府県教育委員会が法令違反ないし適正を欠くと認めたばあいの是正措置要求も廃止された。

第三は、学校管理規則が自治事務化され、義務教育に関する市町村教育委員会の裁量が拡大されたことである。従来、都道府県教育委員会には市町村立の学校に関する基準設定権限が付与されていた。これが廃止されることによって、市町村教育委員会は学校の管理規則、教育課程、通学区域の設定などについて自由度を高めた。

●—首長と教育長

こうした二〇〇〇年の改革にくわえて二〇一五年の地方教育行政法の「改正」は、首長と教育委員会の関係ならびに教育委員会の組織に重要な改革の手をくわえた。契機となったのは、二〇一一年一〇月に大津市で起きた、中学二年生のいじめを苦にしたとされる自死である。両親は自殺の真相究明を学校および教育委員会にもとめた、さらに加害者とされる生徒や両親、大津市を相手取って損害賠償請求訴訟を起こした。教育委員会や大津市長の対応については割愛するが、この事件のなかで大きな教育行政上の問題とされたのは、いったい、学校教育に首長と教育委員会はいかなる責任をもつべきなのかであった。第二次安倍晋三政権のもうけた教育再生実行会議や中央教育審議会（中教審）の議をへて、二〇一五年四月に地方教育行政法の改正法が施行された。

改正法による大きな変化は次の二点である。第一は、教育委員長職を廃止し教育長が「教育委員会の会務を総理し、教育委員会を代表する」とされた。そして、先に述べたように都道府県、市町村ともに教育長は教育委員のなかから互選で選任されていたが、首長が議会の同意を得て直接任命することとされた。この結果、教育長は教育委員会の代表者であるとともに事務局の統轄責任をもつことになった。

第二は、首長は教育長の直接の任命権をもつことにくわえて、自らが主宰する総合教育会議を設置することとし、総合教育会議は教育委員会との意思疎通をはかり、それぞれが所管する事務を執行するとされた。また総合教育会議は教育行政の大綱を策定し、学校の耐震化、学校の統廃合、幼稚園・保育所・認定こども園などの推進、少人数教育などについて基本的な構想をしめすとされた。そのメンバーは首長・教育長・教育委員そして首長の補助職員である。総合教育会議は教育委員会の権限である教員人事、教科書採択についてはは審議しないとされているが、議論がこうした課題におよぶことはありえよう。

この二〇一五年の地方教育行政法の改正による首長と新教育長、さらに教育委員会との関係がどのような変化をもたらすかは、いま少し時間を必要としよう。この効果は市町村のみならず都道府県にもおよぶから、知事の教育に関する政治・政策思考のいかんによっては小中学校教育に変化がうながされるかもしれない。しかし、文部科学省が初等中等教育なる子どもたちの人間形成に大きくかかわる政策領域の子細な統制を維持し続けるかぎり、「タテの行政系列」を通じた助言・指導行政が弱まることはないともいえよう。

●—指導・助言と自治体の政策実施・裁量

以上、少し長く戦後日本における小中学校義務教育に関する中央と自治体の制度関係について述べてきた。中央各省の指導・助言・援助をもとにした自治体行政と政策の実施は、何も小中学校教育のみに特有なのではなく、福祉や農林行政といった分野にもみられる。だが、小中学校義務教育にもっともよくみることができるからである。

ところで、上級機関による下級機関にたいする統制ではなく指導・助言・援助といった、いわゆる「ソフトな行政」が機能するのはなぜだろうか。

何よりも、その根幹にあるのは、「タテの行政系列」が専門職（プロフェッション）の連鎖であることだ。一般に、教育委員会というとき、非常勤の委員からなる教育委員会ではなく、教育委員会事務局（都道府県のばあいは教育庁）を意味して使われる、そして、小中学校教育行政に実質的影響力を有しているのは、教育委員会事務局である。市町村の小中学校教員は、「県費負担教員」ともいわれ、その人事権は都道府県教育委員会にある（政令指定都市については市教育委員会）。そして、教育庁の長である教育長には教員（学校長ＯＢ）が就任するケースが多い。教育長が教員ＯＢでなくとも、大半の都道府県において教育次長は教員ＯＢである。先に、地方教育行政法の二〇一五改正による教育長任命方式の変化について述べた。これ以前には、教育長は教育委員のなかから選任されたとも述べた。だが、首長が教育委員候補を議会に諮るばあい、同時に「教育長候補である」ことを説明している。したがって、二〇一五年の新たな教育長任命方式は、実態をあらためて法制化したともいえる。

教育庁は、一般管理部門と教育行政部門から構成されているが、教育行政部門の中心は教員である。しかも実際に小中学校の学習指導や教員の評価をになっている部門は、指導主事といわれるエリート教員で構成されている。彼らは指導主事をへて学校長に就任することもあれば、教育庁の幹部へと昇任していくこともある。市町村教育委員会事務局の教育行政部門にも教員が多数在任している。

地方教育行政法のさだめる文部科学省そして都道府県教育委員会の指導・助言・援助の内容は、きわめて広範である。その一部をあげておくと次のとおりである。「学校その他の教育機関の設置および管理ならびに整備」、「学校の組織編制、教育課程、学習指導、生徒指導、職業指導、教科書その他学校の運営」、「校長、教員その他の教育関係職員の研究集会、講習会その他の研修」といった具合であり、これらをどのように具体化するかは、まさに裁量行為である。教育庁の「エリート教員」たちは、専門職としてこれらを具体化する。

しかも、教育委員会の事実上のトップであり、一五年の法改正で「主宰者」とされた都道府県教育長は、全国都道府県教育長協議会を組織しており、複数の部会をもうけこれらの事項について協議を重ねている。そこには文科省初等中等教育局の官僚や文科省の付属機関である国立教育政策研究所の研究官も参加している。ここでまとめられた方向性は、先の都道府県教育長のエリート教員集団によってより具体化され、小中学校を管理する市町村教育委員会事務局に伝達されることになる。

指導・助言・援助とはいうものの、それが機能しているのは、まさにこうした専門職の強い結びつきによるといってよい。全国的に行われている「指導力不足教員」の研修、教員の業績評価、通学区域の「自由化」、行事における国旗・国歌の掲揚・斉唱などが、画一的に展開される理由でもある。

見方によっては、こうした専門職の連鎖が安定的な教育をもたらしているともいえる。ただし、この専門職の連鎖による政策実施に欠けているのは、子どもたちや保護者さらに地域の市民の感覚や意見を積極的に取り入れる視点である。これは大なり小なり専門職を中核とする政策実施にみられる点だが、子どもの教育にかかわるだけに、その弊害も大きいといわねばならないだろう。ソフトな政策実施手段は、その意味内容を自律的に考えるシステムと思考のないところでは、きわめて画一的かつ集権的な政策実施につながってしまう。

❹「歳入の自治」と政策実施

●未着手な税・財政関係

二〇〇〇年四月の地方分権改革は、中央―自治体関係の根幹に存在した機関委任事務制度を全廃した。この改革から二〇年をへた今日、中央―自治体間の行政関係にどれほどの変化が実質的にうまれているのかは、多くの疑問が残るといえよう。

ところで、二〇〇〇年の地方分権改革において未着手であったのは、中央と自治体の税・財政関係の改革であった。中央と自治体の税の最終消費（市場で消費すること）の割合は、約四対六だが、租税収入は図8のように中央六・自治体四である。二〇一七年度の決算において国税収入は六二兆三八〇三億円、地方税三九兆九〇四四億円である。つまり、中央政府は歳入において「大きい政府」だが、歳出（最終消費）については「小さい政府」であり、社会保障、教育など内政面において自治体は「大きい

図 8　国税と地方税の割合（2017 年度）

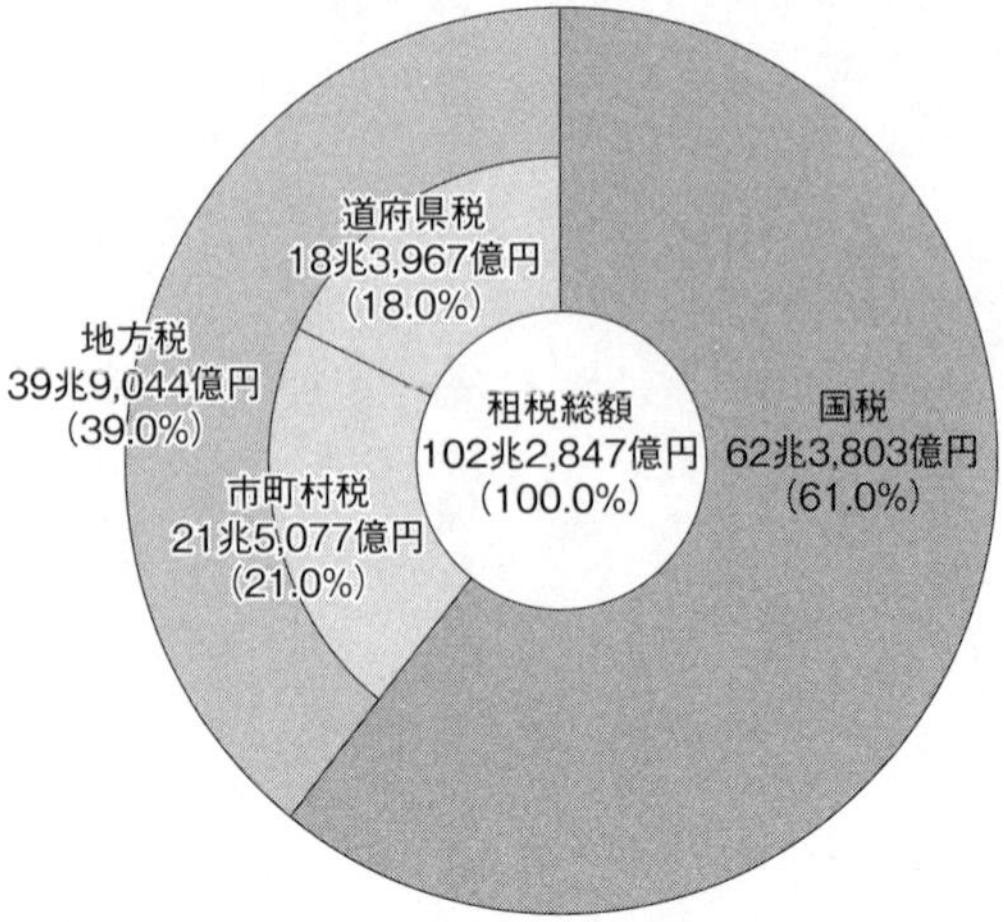

注）東京都が徴収した市町村税相当額は，市町村税にふくみ，道府県税にふくまない．したがって，統計的には道府県税とされるが，東京都が徴収した府県税相当額は道府県税として集計される．
出典）総務省編『地方財政白書　平成 30 年版』（2019 年 3 月）．

政府」なのである。

歳入面で優位する中央政府は、自治体にたいして多くの移転支出を行っている。移転支出の形態は、のちに述べる地方交付税交付金や多種多様な補助金である。

地方分権改革が自治体の政策裁量の幅を拡大するためには、自治体の自主財源である地方税収入を拡大し、補助金や交付金といった移転支出を削減することが重要となる。もっとも、移転支出といっても義務教育や生活保護に典型をみるように、財政面における国の責任に直結するものもある。したがって、移転支出そのものを全廃することは適正ではない。このばあいに問われるのは、移転支出の手続きをいかに分権化し、自治体の政策実施における自治的裁量を拡大するかである。

ともあれ、第一次地方分権改革が積み残し

た税財政関係の地方分権化は、今日なお「未完」のままである。二〇〇三年に当時の小泉純一郎政権は、この問題に着手するとして「三位一体の改革」を打ちだした。二〇〇三年六月に閣議決定された「骨太の方針・二〇〇三」(「経済財政と構造改革に関する基本方針・二〇〇三」)は、①二〇〇四年度から三年間に公共事業補助金をふくめて四兆円規模の補助・負担金の一般財源化、②税源移譲については義務的経費については全額、それ以外については削減する補助・負担金の八割相当額を国税から地方税に移譲、③地方交付税の財源保障機能の縮減をはかる、とした。

しかし、政権はこの段階ではいかなる補助・負担金を削減するかを明示しなかった。それは中央各省と全国知事会をはじめとする地方団体との協議にゆだねられた。とはいえ、政権側から提示されたのは、歳出削減色のきわめて濃いものだった。たとえば、生活保護費負担金は、国一〇分の八、地方一〇分の二であったものを一〇分の七と一〇分の三に変更するものだった。また、義務教育国庫負担金の負担率は、二分の一と二分の一であったものを国三分の一、地方三分の二とするものだった。その分、税源移譲で充当されなかったばかりか、地方交付税交付金も削減された。地方側からは「裏切られた」との反応が当然生じたばかりか、地方分権改革への熱意が急速に冷めたとの評価が生じた一因であった。

このように一時的に税財政関係の地方分権化の動きはあったのだが、「歳入の自治」という言葉で語られてきた自治体の一般財源の拡充は、未完のままである。このことを前提として自治体の政策実施を財政面から考えていくことにしよう。

●―地方交付税交付金と政策実施

地方税の歳入総額は三九兆九〇四四億円であり、このうち都道府県において二〇兆五四二八億円、市町村において一九兆三六一六億円である。一方において国税収入は六二兆三八〇三億円である。先に述べたように、歳出においては地方が「大きい政府」である。このことは中央政府（国）から地方への移転支出によるのだが、それは特定事業の実施や奨励にかかる補助金などにくわえて、地方交付税交付金によるところが大きい。

地方税収入は約四〇兆円であるが、自治体の経済状況を反映して税収には格差がうまれる。全国平均を一〇〇として、都道府県別に人口一人あたりの税収額を比較すると、東京都が一六三・四で最大であり、次いで愛知県が一一七・八となっている。一方で、沖縄県が六八・六と最小であり、次いで長崎県が六九・九である。東京都と沖縄県で比較すると約二・四倍の格差となっている。地方税の基幹税目のひとつである住民税で東京都と沖縄県では約二・六倍の格差となっている。

税収は基本的に経済成長率の正の関数であるから、地域間による税収の格差は不可避である。だが、これを当然視し放置するならば、全国どこに居住しようとも一定の行政サービスを享受することができなくなる。そこで国と地方との財政調整を行い、同時に自治体の財源保障に資するために地方交付税交付金制度がつくられた。

地方交付税交付金の原資とされているのは、国税である所得税収入・法人税収入の三三・一％、酒税収入の五〇・〇%、消費税収入の二二・三%、地方法人税（法人税額の一〇・三%）の全額である。そして、このうちの九四%が普通地方交付税とされ、次のような一定の算定方式によって配分される。これは法的には一般財源（使途の特定されない財源）である。残りの六%は特別地方交付税とされ、自然災害や特定の財政需要に対応するために総務相の裁量によって交付される。

普通地方交付税交付金の算定は、個々の自治体ごとの基準財政需要額と基準財政収入額の差額によるとされ、この値がマイナスのばあいには、当然、地方交付税は交付されない（「不交付団体」とよばれ、富裕な自治体とみなされる）。

基準財政収入額の算定の対象となるのは、都道府県・市町村ともに一般財源である法定普通税を主体とした標準的な地方税収入の七五%に地方譲与税等をプラスした収入額とされている。

一方の基準財政需要額は、経費ごとの単位費用、測定単位、補正係数を乗じた額を合算したものである。たとえば、道路であれば道路面積という測定単位に道路面積あたりの標準的費用、そして地域のおかれた状況に応じて設定された補正係数を乗じる。ただし、基準財政需要額の前提となっているのは、総務省の作成する標準団体における標準行政と標準費用である。標準団体として設定されているのは、都道府県については、人口一七〇万人、面積六五〇〇km²、世帯数一九万、市町村については人口一〇万人、面積一六〇km²、世帯数四万一〇〇〇、非寒冷地といった架空の自治体であり、そこにおける標準行政と標準費用を設定するとともに、補正係数をさだめている。

したがって、地方交付税交付金は、なるほど一般財源を自治体に交付し財政調整をはかるものとされているが、実態からいうと、測定単位、単位費用を操作することによって自治体の政策・事業を誘導する機能をもっているといえる。以前から、地方交付税の算定における総務省（旧自治省）の裁量の大きさについては一部から問題視されてきたが、改革されていない。それゆえ、地方交付税の操作は政権の政策指向を色濃く反映し、それを促進する機能をもつことになる。

「平成の市町村合併」にあたって政府は、合併でうまれる自治体の社会基盤整備のために合併特例債の発行を認めるとした。そして償還にあたってはその七五％を地方交付税交付金で措置するとした。このことが空前の市町村合併ブームの誘引であったのは否めない。二〇一九年度の地方交付税の算定においても、政権の進める地方創生事業促進のための算定がくわえられた。地方財政計画に「まち・ひと・しごと創生事業費」が計上されているが、このうちの「人口減少等特別対策事業費」の交付税算定においてこれまでの「取組の必要度」を「取組の成果」に応じた算定に変える、また「地域の元気創造事業費」の交付税算定を「行革努力分」から「地域経済活性化分」に変更する。これによって地方創生の取り組みを促進するとした。

同様に二〇一九年度の交付税の基準財政需要額の算定においては、「児童虐待防止対策総合強化プラン」（二〇一八年一二月）にもとづき児童福祉司を二〇二二年度までに二〇〇〇人程度増員するためとして、道府県分の「社会福祉費」において、標準団体あたり四二名配置されていたものを五八名とするとされた。また従来の児童相談所の管轄区域の人口に応じた算定にくわえて、「児童虐待相談対応件数」を反映させた補正係数を導入するとされた。児童相談所を設置すべき自治体と専門職である児童福祉司の配置は、児童福祉法にさだめられている。だが、配置すべき具体的員数が法定されているわけではなく、以前から地方交付税で措置するとされてきた。したがって、基準財政需要額の「社会福祉費」の改訂をインセンティブとして、児童福祉司の増員を自治体にうながそうとするものである。

先に述べたように、地方交付税交付金には、一定の目的にもとづく事業の実施を自治体にうながす「第二の補助金」といった批判が存在する。これは旧自治省時代以来、他の事業官庁が補助金等によって事業誘導している状況への対抗策であるが、自治体に一般財源を交付し財政調整をはかることとは、矛盾しているといえるのではないか。国・自治体の財政調整システムの改革は、日本の中央―自治体関係にとって大きな課題であるといわねばならないであろう。

●―自治体を実施機関とする補助金

集権・融合型の政府間関係における政策・事業の実施を特徴づけているのは、中央各省の支出する補助金であるといってよい。逆に、補助金が中核的な政策・事業の実施手段であることによって、集権・融合型の政府間関係が深まってきたといえる。

図9は、二〇一九年度の国の一般会計における補助金等の総額と支出分野をみたものである。総額三二兆一八二七億円の補助金等の分野別シェアをみると、社会保障関係費、文教および科学振興費、公共事業関係費の順となっており、この三分野で全体の八七・六%を占めている。

補助金等と総称される国からの移転支出は、予算科目上は負担金、補助金、交付金、委託費、補給金

図9　補助金等の総額と支出分野

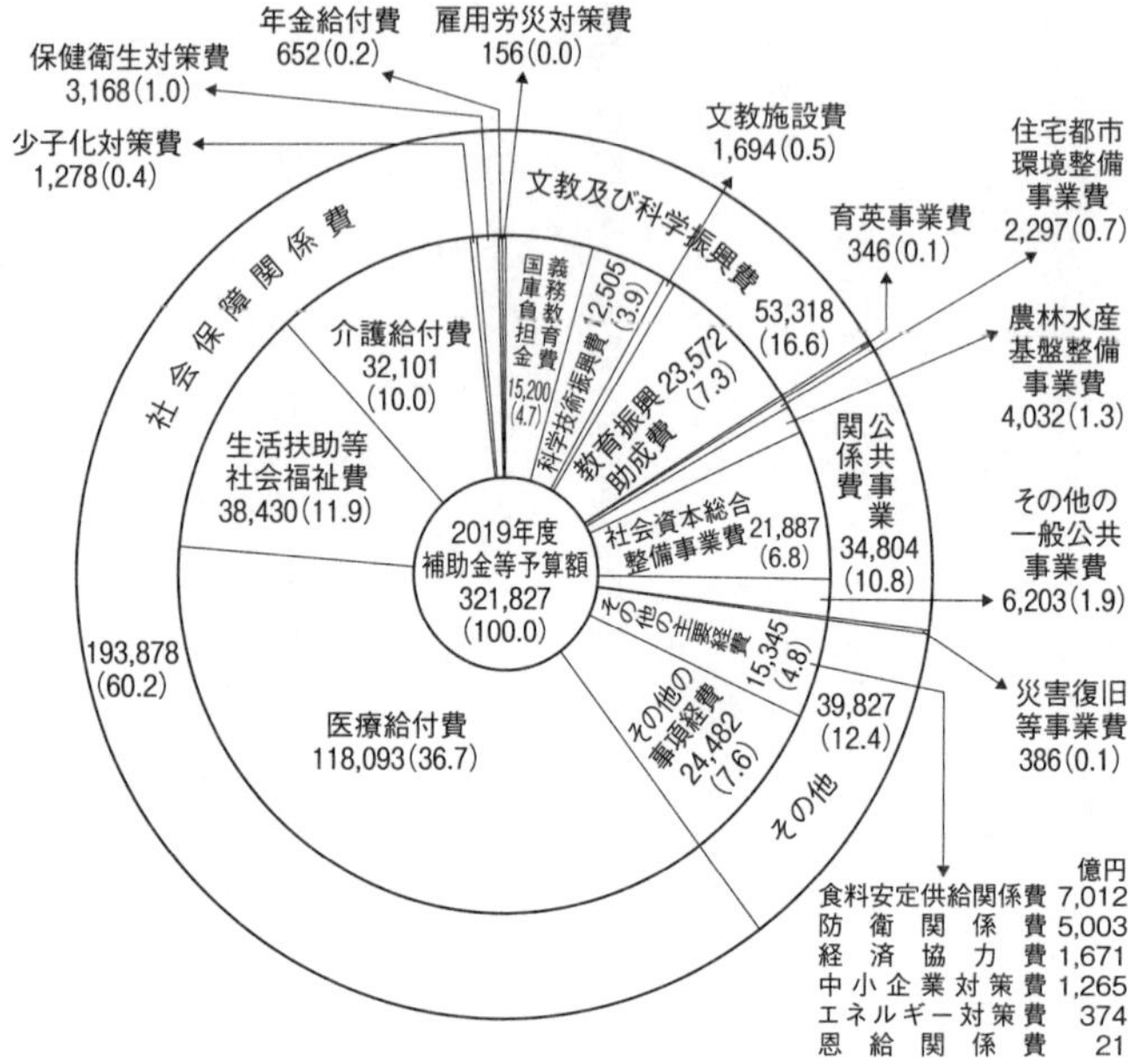

出典）　財政調査会編『令和元年度補助金総覧』2019 年 7 月.

に分類されている。これらの分類に厳密な定義が存在するわけではない。ただし、一般的な了解事項としては、負担金はナショナル・ミニマムの実現についての国の財政責任にもとづくものとされている。委託費は国政選挙や指定統計に代表される国の事務を自治体に委託する際の対価の支払いであり、補給金はある政策・事業目的の実現のために、被交付団体の債務の償還にさいして利子の一部を補給するものである。補助金と交付金の区分はきわめてあいまいだが、補助金には負担金と類似の機能をもつものもあれば、事業目的を限定して、その実現をはからせる奨励的なものもある。交付金もまた厳密に補助金と区分できないが、あえていえば使途の制約が緩やかなものを指していることが多い。いずれにしても、これらは予算科目上の分類であるから、実際には個々の補助金等の機能をみる以外にない。

ところで、補助金等についての概念に、右の予算科目上の分類とは別に、法律補助と予算補助がある。法律補助とは補助金支出の根拠が法律にあるものをいう。ただし、このばあいにも「補助せねばならない」と支出を義務づけたものと「補助できる」と裁量規定にとどまっているものとがある。予算補助とは、単年度の予算を根拠として支出される補助金を指す。予算は国会の議決をへた法律に準じる規範だからここに法的な問題は存在しない。ただし、法律補助に比べるならば官僚機構の裁量が大きく機能するともいえる。法律補助の割合は支出総額の八二・八％、予算補助のそれは一七・二％である。予算補助が活用されている領域は伝統的に農業関連補助金である。比較的小規模の補助金が多いが、理由としては農業の環境変化に的確に対応し「業」としての農業を守ることが掲げられている。

一般会計のみで三〇兆円余の補助金等の支出先をみると、図10のように、自治体が二三兆七七二九億円であり全体の七三・九％を占めている。これは先にみた補助金等の主要経費別構成が物語るように、社会保障や文教関係の事業が自治体を事業実施主体としていることを意味している。「社会保障は国の責任」とは政治家が頻繁に語ることであるが、集権・融合型の政府間関係を特色とする日本においては、自治体の役割がきわめて大きいことに注目しておかねばならない。

しかし、公共政策の作成・実施という観点に立つとき、具体的な政策・事業の実施者である自治体が、住民にもっとも身近な政府として政策・事業の中身について実質的影響力をもっているかどうかが、論

図 10　補助金等の支出先

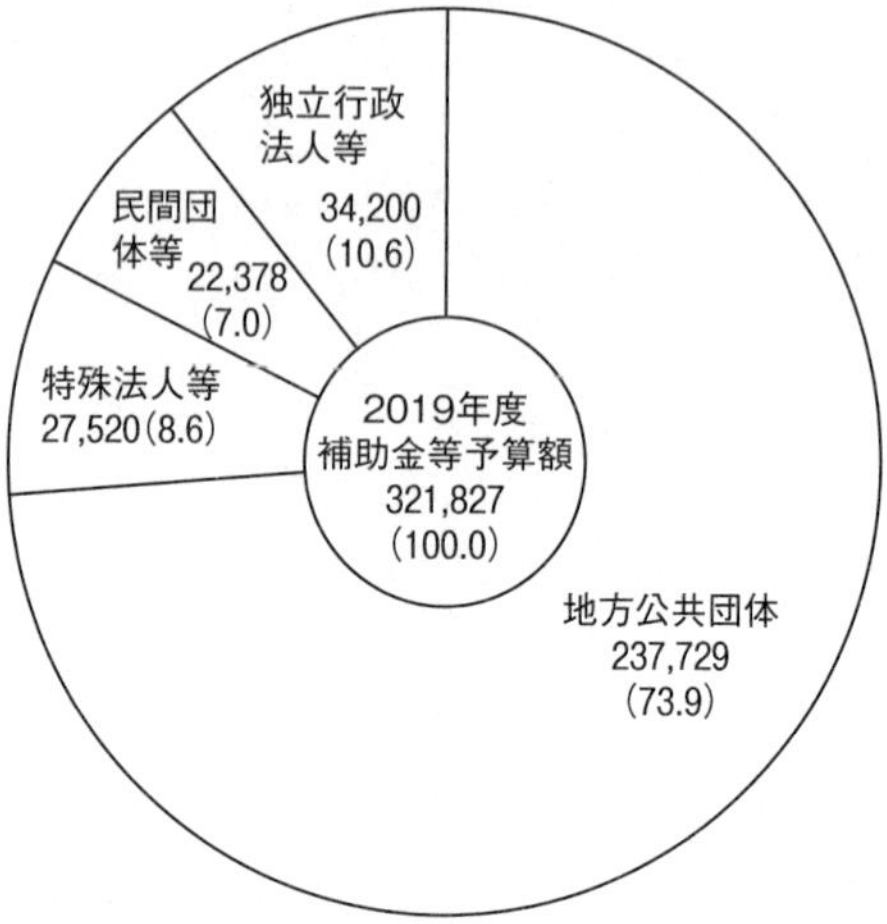

注）計数はそれぞれ四捨五入によっているので，端数において合計とは一致しない．
出典）図 9 に同じ．

点とされねばならないであろう。この点は最終章で考えることにする。少なくともここで指摘しておきたいのは、社会保障・社会福祉における補助金等が、基本的に一括補助金（block grant）ではなく、特定補助金（categorical grant）であることだ。つまり、補助金交付自治体の政策裁量が高度に機能するように補助目的のカテゴリーをひろく設定するのではなく、使途をきわめて狭く限定した補助金であることだ。たとえば、「生活扶助等社会福祉費」は三兆八四三〇億円だが、これはきわめて多数の補助プログラムからなる。そのなかでの生活保護費の負担金についていえば、生活扶助や住宅扶助、医療補助など八つのカテゴリーに分かれる。しかも、その保護の水準は中央政府の決定にゆだねられ自治体には裁量の余地がない。二〇一八年以来、生活保護費のメインである生活扶助費の削減が進んでおり、大きな社会問題となっているが、自治体はそれにしたがわざるをえない状況におかれている。義務教育費国庫負担金も、小中学校基礎教育の充実にむけて自治体が政策裁量を発揮する余地が乏しいのが実態である。

付言すると、補助金の実態の学習にとって有用なのは、政府が毎年度刊行する、俗に電話帳といわれる『補助金総覧』である。これは補助金等のカタログといってよいが、全省庁にわたって所管する補助金等の目的・使途、予算額、創設年次、補助・負担率などをまとめたものである。補助金による自治体コントロールの仕組みがいかに精緻につくられているかを知ることができよう。

補助金の交付手続きと中央のコントロール

各省に分立して所管されている補助金の交付手続きを概括するのは容易ではない。ここでは奨励的な機能をもつ事業補助金を基本として、交付手続きを単純化して述べると次のとおりである。①補助要綱のさだめる補助対象者（自治体等）と所管庁のあいだで事前協議が繰り返される。ここで対象者の方は補助事業の必要性や資格要件を挙証し、交付者の方はその能力や適格性を判断することになる。この過程には、地元選出の国会議員が動員され、彼らは地元自治体の意をくんで事業官庁と接触することになる。②事業官庁は内部審査をへて交付先を決定し「内示」する。自治体側は補助要綱ないし交付要綱のさだめる書式にもとづいて交付申請書を作成し提出する。もっとも、実際には「内示」後にはじめて書類の作成にとりかかるわけではない。実際には、事前の協議過程において所管庁側の指導をうけつつ書類の作成が行われている。③補助金交付が正式に決定されたならば、自治体側は自己負担分の歳出を予算計上する。この自己負担分は自主財源からの支出分と地方債の発行について議会の同意を得る部分から構成される。④事業実施にあたって自治体側は補助金の概算請求を所管庁に提出するとともに、その審査をへて概算払いが行われる。さらに事業の実績報告、竣工検査をへて補助金額が確定する。⑤これにくわえて、会計検査院の実地調査が行われることがある。仮に法令違反が指摘されたならば、補助金等は返還せねばならない。

これは自治体を交付対象とした事業補助金の手続きの過程であるが、実際にはより複雑な経過をたどることも少なくない。いくつかの断面を記しておこう。ひとつは中央省庁の直轄事業と補助事業の関連である。直轄事業としての高規格道路の建設、多目的ダムの建設、大型かんがい事業などのばあい、中央側は直轄事業の付帯事業——たとえばアクセス道路の建設、土地改良事業など——を自治体にもとめてくる。もちろん、それにも補助金が交付されるが、このばあいには自治体側が中央各省の補助メニューのなかから「選択」し交付を働きかけるのとは事情を異にする。自治体側にとっては「裁量」の余地のない補助事業が行われることになる。また、中央の直轄事業だからといって全事業費が国費で賄われるわけではない。一種の「受益者負担」ともいえるが、直轄事業によって利便が向上することを理由として一定の費用負担がもとめられる。

第二に、補助事業の規模にもよるが、事業実施途中において社会経済状況の変化や首長の交代などによって事業の中止や事業変更を自治体側が指向しても、ほとんど不可能であることだ。補助金の返還がもとめられるばかりか、地域の政治・経済集団からも大きな抵抗がうまれる。結果的に事業目的に疑問をかかえたまま「続行」せざるをえないことになる。ダム建設を中止するか続行するかは二〇〇〇年代初頭に大きな地域政治の争点とされた。建設を中止したわずかなケースも存在するが、結局は続行されいつしか議論も下火になったが、これは公共事業と補助金をめぐるひとつの典型的な問題状況を意味している。

このように、補助金の交付手続きは、高度に補助金所管省庁の統制が機能する仕組みとなっている。実際、補助金の具体的な目的（使途）、交付手続きなどは、法律補助であろうと予算補助であろうと、補助要綱・交付要綱といった各省官僚機構の裁量行為によって決定されており、国会統制の対象ではない。自治体側にとっては補助金や交付金が主要な財源であるだけに、補助・交付要綱に適合した事業を企画・実施するためにフォーマル・インフォーマルな手段を駆使した中央各省への依存度が強まることにもなる。

●—大規模な補助金改革の必要性

補助金改革の必要性は、近年の日本政治のアジェンダから後退しているといえるだろう。それはすでにみたように、補助金等の中央から自治体への移転支出が大幅に削減され、自治体の自主財源が増加したからではない。基本的には地方分権改革が国家主義と新自由主義を強める政治のもとで政治課題とされていないことによるだろう。それゆえにまた、自治体の側においても地方の政府として中央に対抗する政治的意思が衰退してしまっている。

とはいえ、中央政府が全国民の政府として内政上の基本課題に責任をもつことは当然としても、具体的な事業として政策を準備し実施するさいには、地方の政府を責任主体とせねばならない。いかに地域社会に密着した事業を展開するかが問われているのである。子細かつ多数の補助金によって多様な地域社会の課題を解決することは、不可能なのである。

このようにみるならば、すでに繰り返し指摘されてきた問題であるが、大規模な補助金改革が必要となる。自治体の歳入構造における自主財源の比率を高めるとともに、自治体間の一般財源（使途の特定されない財源）の格差を調整する財政調整システムの再構築が問われている。これについては最終章で再度論じるが、補助金等を有力な政策実施手段とする現状からの大胆な脱却がもとめられていることを指摘しておきたい。

5章 公共政策のイノベーションと政策評価

❶ 公共政策の「公共性」と「市民性」

「公共的問題」のパラドックス

これまで本書では、政策過程のそれぞれの次元における制度や実態の変化について述べてきた。以下ではそれらを踏まえつつ、今後の政策の設計をはじめとする政策過程のイノベーションにもとめられる視座について論じていくことにしよう。

さて、「公共政策」とは「公共的問題」の解決を目指して政府が採用した決定や行動の指針であるといってよい。しかし、これはあくまで公共政策を考えるさいの入口にすぎない。ここにはある種のパラドックスがふくまれている。もともと、「公共的問題」といっても普遍的定義などありようはずがない。社会経済の態様の変化と問題状況の変化によって「公共的問題」は異なってくる。というのも、社会経済の態様の変化とともに、「集団の噴出」ともいわれる多様な利害関係団体が続出した。そしてそれらは「公共的問題」とは何かの認識を異にするし、当然、解決策においてもあるときは同調し、あるときは対立を深める。

だが、その一方において政府の使命が「公共的問題」の解決にあり、そのための行動の指針と行動が「公共的」であると認識されてきた。言い換えるならば、この本来異なる認識次元が「無節操」に結びつき、政府の認識した「公共的問題」とそれにもとづく「政策」が「公共」政策であるとされてきた。とりわけ、後進国型発展過程をたどってきた日本のばあい、政府の「無謬性」認識（見方を変えると「神話」）は、今日なお色濃く残存している。そしてまた、政策の作成と実施に深くかかわり実質的に政策過程を支配してきた官僚機構は、政治から「中立的」存在と認識されてきたから、一層、政府の構想し実施する政策は「公共的問題」の解決に資するとひろく捉えられてきた。

こうした政府や官僚機構についての認識に変化がうまれているだろうか。うまれているとすれば、どのような変化だろうか。これは日本の公共政策を考える基本的視座であるといってよい。

二〇一二年一二月以来、現代日本政治において異例の長期政権となっている安倍晋三政権のもとで政権と官僚機構との関係は大きく変化した。伝統的自民党政治は、「中立的」とみなされてきた官僚機構による公共政策の作成を基本として、利益集団と官僚機構の「ブローカー」に撤し、集票・集金機能を強め支持基盤を固めてきた。だが、こうした政治は「腐敗の温床」をつくる。案の定、一九九〇年代初頭には大きな政治スキャンダルが続出した。政治改革の「大合唱」のなかで、小選挙区を中心とした衆議院選挙制度の改革、政治資金規正法の改正、政党助成法の制定などが行われたが、これらを総括する形で「政治主導」「首相（官邸）主導」が提唱された。以来、二〇年余にわたる細かな政治過程は省略するが、政権主導は首相（官邸）主導として一定の定着をみている。

政治主導とはどうあるべきかは論争的テーマだが、安倍政権のもとにおいて政権（官邸）の公共政策にたいする影響力が、従来とは格段に異なるほど高まっているといってよい。すでにこれまでの章でも触れているが、政権の政治指向を反映した首相直属の諮問会議が多数もうけられ、その報告を基本として国際的には安全保障政策を見直し（集団的安全保障の法制化）、国内的には労働政策、社会保障政策に典型をみる新自由主義が大手を振るう状況がつくられてきた。官邸の政治権力が強化されるならば、政権の政治指向が公共政策に色濃く反映されるのは、ある意味で当然である。しかも、従来、さまざまな批判をうけつつも、政策作成の知識、技術、情報をもとに政策を企画してきた官僚機構は、政権にたいする対抗能力を失っている。「各省官僚」にくわえて「官邸官僚」なる言葉が新たに登場しているが、政権の意に忠実に法の解釈・運用を行うばかりか、立法や政策の構想に不可欠な「事実」（エビデンス）の「偽装」とさえいえる操作が繰り返されている。

「行政は政治の侍女」とは近代民主国家登場時の言説である。今日なおその正当性を「素朴」に受け入れる向きがないわけではない。だが、現代国家の経済社会構造はきわめて複雑化しており、「政治の侍女」を超えた専門的知識と技術をもつ官僚制を必要としたのである。もちろん、主権者たる国民の代表である政治家が官僚機構の行動をコントロールすべきことは否定されてはならない。だが、このことは官僚・官僚機構が政治（政権）の侍女として行動することを認めることではない。

ともあれ、現代日本の公共政策をめぐる大きな問題状況は、「公共的問題」あるいは「公共性」が、イデオロギー的色彩の濃い閉鎖的な権力によって「独占」されていることであろう。政権の政策を「公益」の実現とする認識は、残念ながら根強い。だが、政策の作成における入力が限定されるならば、政権の政策を手放しで「公共的問題」の解決に関する処方箋とはいえないであろう。

公共政策と一口にいっても、それは「固有名詞」ではない。教育政策、医療・保健政策、福祉・年金・住宅といった社会保障政策、環境政策、経済財政政策、金融政策から国家の本源的機能である外交・国防政策まで多様に分化する。とはいえ、公共政策は政府（政権）のための政策でもなければ、ましてや官僚機構の権限と資源を増殖させるための行動の指針でもない。社会に暮らす多様な市民の生活権の保障を第一義的日標とするものである。市民の生活を取り囲む問題状況は多様である。そのなかには個人の私的努力で解決しうるものもある。また市民の共同利益として解決を追求すべき領域も存在しうる。社会的ルールと手続きを公的に設定し生活権の保障をはからなくてはならない領域もある。問題なのは、この線引きのなされるルールとシステムにある。そのいかんによっては、本来、政府が公的に解決にむかうべき領域が個人の「自助」、せいぜいのところ人びとの「共助」として切り捨てられてしまうこともある。

●—政府と市場の二項図式を超えて

公共政策をデザインする基本は、政府対市場なる対立図式から抜けだすことである。資本主義の発展は社会にさまざまな歪みをもたらした。これを是正し秩序ある経済社会秩序をつくるべきとして「市場の失敗」の克服がいわれた。政府の一連の経済社会への介入とその強化が進んだが、今度は「政府の失敗」が叫ばれだした。政府による数々の規制は市場経済の「活力」を失わせる。社会保障をはじめとする政府財政支出は、財政の硬直性をうみだすばかりか、政府活動に依存する「怠惰」な人間をうみだす……。こうした批判が社会的に勢いを増した。

このように公共政策の軸足は「流転」し、いまや市場での競争を「万能」とする思考が大手を振るうとともに、国家の本源的機能である外交・国防機能の強化が強調される。新自由主義と新国家主義の時代ともいわれるが、一種の「先祖返り」のような状況が日本だけでなく多くの国々にみられる。

実際、「公共的問題」を解決するという政府の政策も、具体的解決手段を市場原理の活用にみいだす傾向を強めている。安倍晋三政権は経済成長戦略のために「岩盤規制にドリルで穴を開ける」と強調する。つまり、岩盤のように強固となっている経済社会にたいする政府規制を破壊しないことには経済社会の「発展」はありえないとする。「公共的問題」を経済発展の停滞と認識する政権は、「高度プロフェッショナル制度」の創設や時間外労働（残業時間）の上限を月一〇〇時間未満まで認める、労働規制の大幅な緩和をはかった。

しかし、「政府の失敗」を批判し市場原理の復活を強調する新自由主義は、人間の尊厳を守る制度や政策からは程遠い。すべての人びとに就学・就労、社会参加などの「機会の平等」を外形的制度として公的に保障しさえすればよい、結果は本人の「自己責任」であるといった思想は否定されねばならない。

「機会の平等」の制度は社会的セーフティネットの構築と一体のものとして構想されるべきなのである。

ところで、新自由主義にもとづく政治・政策が隆盛をきわめているようにみえる現代だが、その一方で新たな動きがうまれてもいる。NPOやNGOに代表される「公共的問題」の解決に立ちむかう市民の動きが、国際的に発展をみている。気象変動、マイクロプラスティクによる海洋汚染、子どもの権利の侵害、貧困、核兵器の廃絶などの「公共的問題」の解決にむけて国際的枠組みをつくろうとする市民の活動は、飛躍的に高まっている。それらを無視した政策は事実上不可能であり、市民の政策提言のレベルと齟齬はあるものの政府は政策としての対応をせざるをえない状況にある。

いわゆる先進国は発展途上国にODA（政府対外援助）を実施してきた。日本も例外ではない。だが、相手国政府にたいする政府間の資金や技術援助とは別に、JVC（日本国際ボランティアセンター）、ペシャワール会などに代表されるNGOによる医療・保健、農業や水産業支援、まちづくりなどの支援活動がひろく展開されている。それらはたんに現地住民と協働しているだけでなく援助技術面においてODAに勝っている。ODAの実施する事業は巨大技術中心主義から脱却できず、経済性はもとより効率性においても劣化している。これにたいして、NGOの実施する事業は、適正技術による地域密着型であり有効性を現地住民から高く評価されている。それゆえ、従来政府対外援助活動の一翼をになってきたJICA（国際協力機構）も、外国における事業の立案や実施についてNGOとの協働作業を指向せねばならない状況にある。

こうした市民による「公共的問題」への取り組みは、ひろい意味での福祉、環境分野における非営利活動として活発化している。地域の政府である自治体もそれらの活動を無視することはできなくなっている。もっとも、自治体の首長や職員が「市民との協働」をいうとき、その意味内容をきびしく吟味せねばならない。「市民との協働」の名のもとに責任領域の縮小や先にみた指定管理者制度への安易な依存が起きかねないからである。

ところで、隆盛するＮＧＯやＮＰＯの活動の基底に流れているものは、政府対市場の二項図式のもとでつくられてきた公共政策の劣化を意味していよう。先にも述べたが市場軸に傾斜した公共政策は人間の尊厳を重視した市民の生活を保障するものではない。新たな生活の「格差」なる「公共的問題」を深刻化させる。さりとて、「政府」軸に傾斜した公共政策は、官僚機構の権限の増殖とそれに依存した政治を招き入れる。一見、公共的サービスの目が細かくなったような状況がつくられようとも、実際には「利益集団民主主義」といってよい状況をもたらす。いずれにしても市民の生活保障は脇に押しやられる。

このようにみるならば、ＮＧＯやＮＰＯにみる市民の非営利活動は、いまや公共政策の立案と実施にかかわる有力なアクターなのである。もちろん、政府が公共政策の有力なアクターであることは変わりない。ただし、政府と市場の二項図式から抜け出し、問題発見、目標と対象（ターゲット）の設定、問題解決の手段と活動主体、実施された政策・事業の評価などの政策設計のシステムが問われている。

❷ 政策情報の回路の多元化

政策課題の設定と政治の責任

公共政策が先見性と市民性をもちうるかどうかの鍵は、基本的に政治に握られている。政治は法律、予算をはじめとして各種の公共政策の規範を決裁してきた。とりわけ、国会で議決された法律、予算をうけて執政部さらに各省官僚機構は、政令、省令、告示をはじめとする下位規範や行政執行のマニュアルである通達、通知を作成し、政策実施を指導してきた。

しかし、問われるのは、こうした政策執行にかかわる規範などが前提としている政策課題の設定システムであるといえよう。現代社会に生起する多種多様な問題は、通信情報システムが高度に発展した今日、政治家・官僚機構のみならずひろく社会的に把握される。ただし、そのような問題事象についての情報が政策課題情報として認識され、政策・事業の企画に結びつくわけではない。

たとえば、東日本大震災をはじめとする震災、頻発する台風による大規模災害などをうけて、「国土強靭化」が一大政治課題とされ被災地域で大規模公共事業が実施されてきた。公共事業自体が不必要なのではないが、はたして被災地域の将来構想を踏まえているかとなれば、多分に疑問が提示されている。若干、エピソード的なことをいえば、三陸沿岸に次々と建設された一〇mを超える高さの堤防をまえにして、ある漁師は「朝起きて海が見えなければ仕事にならないのだ」と筆者に語った。つまり、万里の長城のような巨大堤防をめぐらすまえに、地域の将来構想が徹底して議論されるべきなのである。

同じことは東京電力福島第一原子力発電所の過酷事故後の復旧・復興にもいえよう。政権は避難指示区域の放射線量が二〇mSv以下に低下した地域について避難指示を解除した。だが、元の居住地である町村に帰還した者は、多いところで住民の二〇%程度である。放射線量の低下というが、二〇mSvは医療機関などにおける放射線管理区域の値である。これを「安全」とは納得しない住民も多い。また八年余の避難は、好むと好まざるとに関係なく一定の生活拠点を避難先に築くものであった。そして元の居住地は依然として農業の再開をはじめ就業の場とはなっていない。放射線量が下がったからといって地域の復旧に直結するものではない。原発事故の被災地の将来構想とそれにもとづく政策・事業が欠如しているのだ。

政策課題の設定とそれにもとづく政策のデザインにおいて重視されるべきことは先見性である。政策はたんに直近の問題状況を「解決」するために企画されるのではない。将来のあるべき状態を設定し、その実現にむけた戦略・戦術をさだめるものでなくてはならない。政策課題の発見とデザインに先見性がそなわっているかどうかは、政策過程の入口がどれほどオープンであるかによって規定されるであろう。

●政治主導と入力の限定

二〇〇一年の大規模な省庁の再編成をともなう行政改革までの自民党政治においては、政治（政権）は、政策のデザインを官僚機構にゆだね、政策課題の調整を怠ってきた。官僚制に主導された政策のデザインは、業務に直接関係する集団（顧客集団）の利害を重視した政策課題の設定からスタートする。まさに割拠的な政策課題の設定である。ところが、政権党である自民党は、官僚制を核とする顧客集団の社会的位置を疑問視するどころか、その周辺に位置し官僚機構と顧客集団の応援団であることによって、自己の権力基盤を強化してきたのである。

こうした政策課題の設定と政策・事業のデザインは、政策過程に多数の利益が表出される仕組みであるとの評価も存在する。だが、この表出される利益はあくまで官僚機構と顧客集団の利益が一致したものにすぎない。それ以外の利益は切り捨てられるというよりはむしろ、そもそも政策課題の設定の視野に入らないのである。それだけではなく、設計された政策・事業は割拠的であるから、機能的に重複するばかりか財政的に非効率な問題状況をうみだす。旧建設省と農林水産省の下水道と農村集落排水事業、一般国道と広域農道などは、こうしたことの典型事例として以前から問題視されてきた。

本来、政治にもとめられるのは、政策課題の発見と課題解決の実現にあたって調整を果たし体系性を整えることである。とりわけそれは執政部である内閣（政権）の役割である。二〇〇一年の行政改革によって新設された内閣府は、制度目的としていえば、まさに執政部による政策調整機能を強化し割拠的な行政体制を抑制しようとするものである。言い換えれば、政治（政権）主導のための組織であるといえる。

二〇〇一年四月に成立した小泉純一郎政権は、すでに述べたように内閣府にもうけられた四つの諮問会議のうち経済財政諮問会議を重視し、大蔵・財務省主導の予算編成から経済財政諮問会議主導の予算の編成に先鞭をつけた。予算は割拠的な各省の政策・事業を財政面で裏づけるものであるが、従来の自民党政治のもとでは政権主導による予算編成は思考の埒外であった。それゆえに、小泉政権の行動は自民党内の反発を招きつつも評価された。だが、内閣府を活用した政策・事業の調整は、伝統的自民党政治をドラスティックに変えるものではなかった。その後、いずれも短命に終わった第一次安倍晋三政権、福田康夫政権、麻生太郎政権が続くが、これらの政権は「政治主導」に取り組むことはなかった。二〇〇九年から一二年にかけての民主党政権は、「官から政へ」を高らかに掲げて政権主導を打ちだした。けれども、構想を具体的な政治運営に生かしきれずに終わった。

ところが、二〇一二年一二月に成立した第二次安倍晋三政権のもとで、内閣官房および内閣府は「政権（官邸）主導」の装置としての機能を強化した。安倍晋三の政権が自民党内での権力を強めた要因について論じることは、ここでの主題ではない。2章の図2、図3にみるように内閣官房および内閣府はいまや首相の官僚制としての組織体制をそなえており、政権が重視する「国家戦略特区諮問会議」が新設され、主要閣僚と民間有識者による組織体がつくられている。それだけではなく、一億総活躍社会国民会議、働き方改革推進会議といった諮問会議が、政権に親和的な有識者を委員としてつくられ、政策構想をまとめている。さらに、二〇一四年には公務員制度改革基本法にもとづいて内閣官房に内閣人事局がもうけられた。内閣人事局は各省高級幹部にたいする内閣の人事権を確立し行政機構への政治指導を強化することを目的とし、部長級以上の官僚の人事権を一元化した。局長には内閣官房副長官の一人が補職されることになっているが、首相・内閣官房長官といった政権最高幹部による人事が常態となっている。この人事局の設置以降、政権はたんに各省幹部の人事を差配しているだけでなく、高級官僚を内閣官房・内閣府に配置している。また、内閣人事局に直接の人事権はないが、各省の課長級以下の職員を出向させている。「各省官僚」との対比で「官邸官僚」との言葉がにわかにつくられているが、それはこうした内閣の人事権の所産であるといえる。

このような内閣官房・内閣府による「首相の官僚制」についての評価は多様である。アメリカ人の日本政治研究者であるジェラルド・カーチスの所論にみるように、「官邸パワー」を高く評価し日本政治と行政の画期的な変化とする見解も存在する。カーチスの評価には多分にアメリカの大統領と大統領府のパワーの強さが念頭にあると思えるが、日本の官邸パワーの高まりの背景には、野党はもとより与党内にも政権の対抗勢力の脆弱さがあるといわねばならないであろう。

政策課題の発見と政策情報の観点からみるならば、明らかに官邸パワーの強大化と裏腹に発現しているのは多元的チャネルの衰退といわねばならないであろう。すでにみたように国家戦略特区による事業は政権の新自由主義指向を際立たせている。種子法の廃止もこれまでの歴史的取り組みや日本の農業の将来を見据えるものとはいえない。日本の官僚機構に主導された政策課題の発見とそれにもとづく政策・事業の企画と実施は、割拠的であり官庁と業界の「共同体」をつくりあげてきたことは否定できない。とはいえそれは、国会審議もふくめて政策過程に多元的利害を表出してきた。ところが、政権にたいする各省官僚機構の入力は著しく衰えており、それだけ官邸の政策情報は限定されているのである。それだけではない。政策・事業の立案に欠かせないエビデンスの「偽装」「捏造」もうまれている。

働き方改革一括法の国会審議過程において政府は、裁量労働制の方が一般労働より労働時間が短いとして、裁量労働制の拡大を法案にくわえた。だが、この立法事実（エビデンス）は、厚生労働省による「偽装」であることが判明し、裁量労働の拡大を企図した条文案は削除された。同じことは、出入国管理難民認定法の「改正」についてもいえる。これは単純労働に従事する新たな在留資格（「特定技能」一号、二号）をもうけるものであるが、移民労働者を導入するものとして議論を呼び起こした。国会審議の過程で論点となったのは、新たな外国人労働者の労働条件だった。法務省はすでに存在する技能実習生の就労状態をしめし、最低賃金以下の技能実習生が全体の〇・八％とした（二〇一七年度聴取票）。だが、野党はこの聴取票を独自に調査し、法務省のいう数値は失踪技能実習生のうちの「最低賃金以下」を理由とする者の割合でしかないことを明らかにした。法務省はその事実を認めたうえで、技能実習生と「特定技能外国人労働者」は別とした。しかし、ではなぜ技能実習生の大半が最低賃金を「上回る」と主張せねばならなかったのか。いずれにしても、外国人労働者の労働条件を法案本体に明記すればよいことだ。だが、成立した法律には明記されず、それらは省令事項とされている。

こうした問題事例から読み取れるのは、政権の意向にそった法案の成立を早期にはかろうとする「忖度」といわざるをえないだろう。だが、立法事実（エビデンス）を「偽装」するならば、そもそも「法律による行政」など成立しない。二〇一四年の内閣人事局の設置とそれにもとづく首相官邸による官僚人事権の掌握がうみだした「弊害」といってよい。こうした問題事象が続くならば、公共政策は「公共的問題」の処方箋という外形とは裏腹に、特定の政治的価値をオーソライズするものとなってしまう。

政治主導がきわめて閉鎖的な権力空間での意思決定であるならば、政策の企画における入力も限定される。政策・事業をもとめる多元的入力が制度的に保障され、それを具体化するためのリーダーシップの発揮が執政部に問われる。政治主導なるものの再考が日本政治の喫緊の課題であることを指摘しておこう。

●—国会と政党

政策情報の回路として制度的重要性をもっているのは国会である。国会は「国権の最高機関」（憲法第四一条）として内閣および官僚機構に政策課題を提起するとともに、政策・事業化にむけて活動するようにもとめる権力をもっている。同時にまた国会自体も政策課題を具体化するための補助機関をそなえている。それは衆参両院の常任委員会調査室、国立国会図書館立法考査局、衆参両院の法制局などである。これらの機関のスタッフを活用することによって、国会は政権や官僚機構に対抗していくことができる。実際、国会が認知した政策課題や既存政策の問題点を指摘する決議などを通じて政策のイノベーションを内閣・官僚機構にもとめるならば、内閣はそれらを無視することはできない。それらが具体的にどのような政策の公示形式をとって実現するかはともかく、内閣そして官僚機構は、政策の立案や修正につなげていかざるをえない。その意味で国会は、たんに政策の課題を政治過程に表出しているだけでなく、同時に政策準備の「装置」として機能するといってよい。

しかし、いうまでもなく国会は議員が集団的一体性を保っている組織ではない。政党政治の舞台であるとともに、議院内閣制をとることによって政権与党と野党との対抗・対立関係を基軸として運営されていく。「政権主導」なるシステムのもとで政策作成の基礎である政策上のインプットが限定されていることを指摘したが、この閉塞状況を打破できるかどうかの鍵は野党にあるといってよいだろう。

野党が政治権力に対抗するためには、政策・事業案の「結果」にたいする洞察力を欠くことはできない。それなくして政策・事業案にたいする対抗軸は形成されようがない。安倍政権のもとで、国論を二分する安全保障法制、特定秘密保護法、働き方改革一括法などの重要法案が次々と成立した。たしかにこれらの法案審議過程において野党は世論動向を背景として問題点を追及した。だが、はたして起こりうる事態への洞察力をそなえていただろうか。ここでいう「洞察力」とは法案成立までのことではない。法案が成立し実施された後こそ事態の展開を追及し、そこでの問題事象を発見していくことである。それによって新たな政策課題が浮上するはずである。たとえば、働き方改革一括法で創設された「高度プロフェッショナル制度」の実際を検証していくならば、はたして人間の尊厳を保障する労働のあり方であるかが判明するであろうし、「過労死」問題と同様に新たな政策課題が発見されていくであろう。

こうした洞察力を高め政策情報の回路を豊かにしていくためには、いかに優れた政策スタッフをそなえるかである。先に述べた国会に制度的につくられている政策スタッフ組織を十全に活用するとともに、政党としての政策スタッフを充実させることである。政党助成法による国庫から支出される政党助成金は、政党支部への選挙運動資金の配分を意図したものではない。政党の政策能力の向上を第一義的目的としたものだ。政党助成法の立法趣旨に立ち返った使途決定であるべきだろう。

ところで、政策スタッフの充実は、専門的な知識・技術をもつ政党職員の増員のみを意味しない。政党と政治指向を同じくする知識人にくわえてNPO・NGOの活動家、地域や職場において現状についての問題提起を続けている人びとをふくむ。言い換えれば、野党こそ市民による政策発議のネットワークの組織化に力を注ぐべきなのである。そして野党は、このネットワークにおける議論と問題提起を踏まえて政権・官僚機構への対抗軸を設定することである。政策課題の設定が閉鎖的な権力核に「独占」されている状況は、見方を変えると市民のあいだに充満する「無力感」によるといえよう。市民は地域や職場のみならず日々の生活において既存政策の矛盾や問題点を感じている。だが、それを政治に伝達する回路をみいだし難い状況におかれている。野党は「狭隘」な組織利害への固執から大胆に脱却し、広範な政策発議のネットワークの創造によって市民の「無力感」を払拭していく必要がある。それによってはじめて公共政策の「公共性」が社会的に議論される舞台がつくられるのである。

3 政策情報のカテゴリーと公開

政策情報のカテゴリー

政策の課題設定についての政治の責任を論じた。こうしたマクロ（巨視的）な問題事象にくわえて、以下では公共政策の「公共性」を考察するのに欠くことのできない政策情報のカテゴリーとその質や量について考察していこう。

さて、政策の具体的デザインに欠かせない情報は、既存の政策・事業の問題状況と新規政策の争点情報に始まるが、さらにいくつかのカテゴリーに分類することができよう。それらを重層的に組み合わせ政策・事業を企画することが、作業にかかわるアクターの課題とされる。

もっとも基礎的な情報は社会経済の動態に関する情報である。こうした情報は各種の統計によって収集の制度化がはかられている。この種の情報の収集にとって重要なのは、科学性と政治からの中立性でない。統計学の知見と方法を踏まえて、政権や政党政治からの中立性が確保されていなくてはならない。そうでないかぎり、予測の合理性と精度を高度に保つことはできない。

第二は、ストック情報である。政策・事業案のデザインにあたって「当然の前提」のように扱われてきたのは、これまでの事業の実績に配慮しない事業量の「不足」の主張である。これは各種の公共事業にとりわけ顕著だが、それにかぎられず、社会福祉や教育面においても共通してみられる。公共事業関係の事業計画は、その目標値自体が事業予算を「分捕る」ための「期待値」であり、実現を真摯に追求しているとはいい難い代物である。「期待値」による公的投資の非経済性と非効率性を断ち切るためにも、長年にわたって公的資金を注ぎ込んできた事業が、どれほどのストックをうみだしているのか、具体的数値としてしめされることが重要である。

精度の高いストック情報が作成され公開されるならば、新たな社会的ニーズがうまれ対応を必要とするとき、既存のストックの機能を転換することで対応することができよう。また新たな公的投資のための財源をうみだすことができる。ストック情報が精緻につくられてはじめて、公的資金の適正配分に道がひらかれる。さらにストック情報がひろく公開されるならば、政策・事業のイノベーションを民主的な討論の場で決定できよう。

第三は、政策財務情報である。このカテゴリーには多様な情報がふくまれる。なかでも重要なのは単価情報であるといってよい。たとえば、X円で○○㎞の道路建設事業が行われた。このこと自体は公表されているが、それが「適正価格」であるかどうかは判断されたことがない。事業費が「適正」であることが「当然の前提」とされているのである。単価については先に述べた入札・応札の実態の公開だけでなく、類似の構造をもった道路を取り上げ県域全体であるいは全国比でみるならば、単価の規定要因が明らかになるだろう。個々の事業ごとにその単価を明らかにするだけでなく、単価の規定要因を分析し、情報として明示することが重要といえよう。

単価情報にくわえて政策財務情報を構成するのは、事業のメインテナンス経費情報である。中央各省の事業から自治体の事業にいたるまで、道路、港湾、ダムをはじめとした公共事業や美術館、音楽ホールなどの施設（ハコモノ）の建設にあたって、総事業費は公開されている。大半の場合、こうした建設事業の総事業費は議会の議決を必要とする。ところが、これら施設の耐用年数に応じたメインテナンス経費がどれほどにおよぶのかは明示されていない。着工時の貨幣価値を前提として、メインテナンス経費が人件費をふくめて明らかにされるべきである。公共事業やハコモノ建設には、「不要不急の事業」「二重行政」といった批判があるが、建設費にくわえてメインテナンス経費が明示されているならば、全体的財政状況との勘案をもとに事業の適否を議会や市民は判断できる。単年度主義予算のもとでは、新規事業の当該年度における事業費は予算計上される。だが、事業期間全体にわたる経費はしめされたことがない。その結果、いったん事業化されれば年度ごとに事業制度の存在を理由として予算措置されるのが実態である。事業のメインテナンス経費が計画時にしめされることによって、代替的政策・事業の選択が可能になる。単価情報はけっして歳出削減のために必要なのではない。政策・事業の選択肢を考え財の合理的配分を行うために必要とされているのである。

第四は、債務情報である。これはとりわけ重要度を増している。一般に中央政府、自治体ともに一般会計における公債発行額や公債残高を公表しており、マスメディアも予算編成時に大きく報道する。それが政府・自治体の債務状況をしめす指標であるとはいえ、しかし一般会計にくわえて特別会計の債務状況がひろく報道されることはない。一般会計における公債残高にしても償還期日ごとに公表されているわけではないし、借換債の公債発行額に占める割合が市民にわかる形で説明されているわけでもない。また継続費や債務負担行為が特定の行政分野で比重を増している。これらを「債務」というのは正確ではないが、後年度の予算の「先食い」であることに変わりはない。その意味で公債と同様である。

また中央政府・自治体ともに特別会計を制度化しているが、一般会計と特別会計間の債務関係（隠れ借金）も存在する。そして特別会計の会計基準は統一されていないが、特別会計自体に債務が累積しているばあいも多い。さらにいえば、中央政府・自治体ともに出資法人が債務をかかえ込んでいる。こうした出資法人の債務状況は部分的に明らかにされているにすぎず、政府公共部門がどれほどの債務をかかえているのかは、判然としないのが実態である。それがまた政策・事業のスクラップ&ビルドによるイノベーションを遅らせている。中央政府・自治体ともに、一般会計、特別会計、出資法人を連結させて債務の実態を市民にわかりやすい形で公表することが重要である。

第五は人的資源情報である。中央政府・自治体の財源についての情報は前記の債務情報でカバーしうるが、一般に知られているとはいえないのが人的資源の内容である。公務は正規職員によってになわれていると思われがちだが、フルタイムの職員にくわえて、専門技能をもとにした任期付き職員、さらに臨時・非常勤職員が存在する。とりわけ自治体には臨時・非常勤職員が多数雇用されている。さらに二〇二〇年度からは「会計年度任用職員」制度がスタートした。これには臨時・非常勤職員の処遇を改善するものとの評価もあるが、どのような分野が、いかなるカテゴリーの職員によってになわれているのかは、明らかにされていない。こうした人的資源に関する情報は、公共政策の企画と実施の内実を考察するために不可欠である。先に指定管理者制度について述べたが、政策・事業の質は、事業実施をになう職員のあり方と不可分である。人的資源の詳細な情報が明らかにされることによって公共政策が所期の目標を達成しているのかどうかを判断できよう。

公共政策の質を向上させることは、現代政治の基本的使命であり、以上の政策情報のいずれも、その整備と公表は政治の責任である。もちろん、政策情報に「完全情報」はありえない。政治はその時々の社会経済動向や市民のニーズに的確に応えた政策情報の開発にリーダーシップを発揮していかねばならない。

●──政策情報の提供と公開法制

多様な情報を組み合わせながら首相の補佐機構である内閣官房や内閣府、各省において政策・事業が立案されていく。だが、この過程は外部からは窺い知れない部分をかかえている。たとえば、当該事業の調達にあたって一般会計のみで賄えるとはかぎらない。そこで財政投融資特別会計からの融資の形をとって事業化をはかることも計画される。だが、財務省主計局・理財局・事業官庁間の協議が表に出るとはかぎらない。あるいは、債務負担行為による後年度負担に多くをゆだねることで事業化することが工夫される。このばあい将来の歳入状況や新規事業の必要性などが予測されているのだろうが、事業の全体規模の設定や後年度負担の割合についての意思決定過程が明らかにされるとはいえない。政治（政権）や官僚機構は、政策・事業にともかく着手し社会的ニーズに応えていることを「演出」する。それは政治や官僚機構にとっては存在証明を高めるための戦術であるが、民主政治の基本とは相容れない行動といってよい。

先に述べた政策情報のカテゴリーにもとづいて政府が詳細な情報を提供するならば、市民は公共政策なるものの「実像」にかなりの程度迫ることができよう。ところが、これらの情報は官僚機構の「秘事」ともされてきた意思決定過程を明らかにするものではない。ここに情報公開法制を必要とする大きな理由がある。情報公開法制とは、市民の「知る権利」を基本として、市民に意思決定にかかる情報（電磁的記録をふくめた公文書）の開示請求権を法定するとともに、政府機関に開示の義務を負わせるものである。

日本における情報公開法制は、自治体が先導した。一九八二年に山形県金山町が日本初の情報公開条例を制定し、次いで翌八三年に神奈川県が情報公開条例をさだめた。神奈川県は首都圏の大規模自治体であり「地方の時代」の提唱者であった長洲一二知事のもとでの条例制定の衝撃は大きく、情報公開条例の制定は多くの自治体に伝播していった。

もともと、日本の情報公開法制の制定運動は、一九七六年の「総理の犯罪」といわれたロッキード事件を機とする「行政の密室性」批判から始まった。だが、自治体が次々と情報公開条例を制定しつつも、国レベルの動きは鈍かった。一九九四年に成立した村山富市政権は、行政改革委員会に行政情報公開部会をもうけ情報公開法の制定を審議した。こうした経緯をへて情報公開法は一九九九年の第一四五通常国会で成立し、二〇〇一年四月にようやくにして施行された。

情報公開法の制定は、たしかに民主的な透明度のある行政と政治にとってひとつの進歩である。ただし、日本の情報公開法にはいくつかの「欠陥」があることも事実である。そのひとつは「知る権利」を成熟した法概念ではないとの理由のもとに法定しなかったことだ。「情報公開制度は、究極的には国民主権の下での、責任ある政府を確保すること、いいかえれば、国政における公開性（openness）、責任性（accountability）を確保することに大体尽きる」との議論のもとに、新たに提起された「アカウンタビリティ（説明責任）」を明記することになった。

情報公開法に「知る権利」が明記されなかったことは、今日なお問題を残している。否、より深刻な問題になっているといってもよい。情報公開法第一条の目的規定は「政府の有するその諸活動を国民に説明する責務が全うされるようにする」としているが、諸活動を説明する主語（主体）は「政府」だ。これは行政の諸活動の内実を知ることが国民の権利であり、政府に諸活動を説明する義務があることとは真逆である。説明する責務をどの程度とするか、具体的には情報を開示するかどうかは政府の裁量となりうる。実際にも「のり弁」との言葉があるが、開示された情報（文書）は、ほとんどの箇所が黒く塗られ何が記載されているのか判読不能な状態のものも多いのである。

こうした「欠陥」にくわえて、何が公開の対象であるのかをめぐって情報公開法の準備段階で多くの議論が交わされたが、公開対象文書は「組織共用文書」なる概念でさだめられることになった。情報公開法第二条第二項は「この法律において「行政文書」とは、行政機関の職員が職務上作成し、又は取得した文書、図画及び電磁的記録（略）であって、当該行政機関の職員が組織的に用いるものとして、当該行政機関が保有しているものをいう」とし、官報、白書、新聞、雑誌、書籍などの不特定多数の者に販売することを目的として発行されるものや、公文書館等において歴史的もしくは文化的資料、学術用資料として特別の管理がされているものを除くとしている。

「組織共用文書」なる概念は、のちに述べる公文書管理法にも登場するが、その概念は、かならずしも明確ではない。「最終法案要綱」を解説した「考え方」では、「作成又は取得に関与した職員個人の段階のものでなく、組織としての共用文書の実質を備えた状態、すなわち、当該行政機関の組織において業務上必要なものとして利用・保存されている状態のものを意味する」としている。だが、「組織として業務上必要なもの」と職員が「業務上作成・取得したもの」との線引きは、明瞭とはいえない。それは行政機関における意思決定を考えればまさに連続している。またこの定義にしたがうにしても、「共用文書」か否かは、行政機関の裁量判断となる。安倍政権のもとで、たとえば岡山理科大学の獣医学部開設をめぐって内閣官房・内閣府と文部科学省のあいだで、協議文書の存在・不存在についての対立が目立った。文科省官僚が作成した内閣官房高官の発言メモは、たんなる「私的メモ」ではありえない。少なくとも文科省にとっては、この問題への対応を決定する「組織共用文書」である。

このようにみるならば、開示対象とされる「組織共用文書」の概念をより詳細に、かつ意思決定過程にそくしてさだめないならば、意思決定過程の情報を市民が取得することは難しくなる。ひいては公共政策の決定の「密室性」を打破することはできない。

●—公文書管理法と公文書へのアクセス

情報公開法の施行から一〇年後の二〇一一年四月に公文書管理法が施行された。情報公開法と公文書管理法は「車の両輪」といわれる。本来、公文書が政府全体として統一的に管理・保全されていないならば、それらの開示請求権が有効に機能することはない。

従来、官庁における意思決定は文書主義によるとされながらも、「公文書」なるものの管理・保全は各省の公文書管理規程にゆだねられていた。当然、公文書の定義も保存期間も各省バラバラであるだけでなく、官僚機構の裁量判断によることになる。こうした公文書管理の実態ゆえに、情報公開法の施行をまえにして大量の文書が廃棄されたともいわれる。また、二〇〇七年には年金記録の消滅が一大政治問題となったばかりか、防衛省装備審査会の議事録不作成問題、C型肝炎資料の放置問題などが、次々と明らかになった。こうした事態を前にして福田康夫政権は公文書管理法の制定に動きだす。そして二〇〇九年の通常国会に公文書管理法案が提出され同年六月に可決成立をみた。

公文書管理法の「行政文書」の定義は情報公開法のそれと同様であり、「行政機関の職員が職務上作成し、又は取得した文書（略）であって、当該行政機関の職員が組織的に用いるものとして、当該行政機関が保有しているもの」（第二条第四項）と、「組織共用文書」としている。そのうえで、同法第四条は、「行政機関の職員は、〔法の目的の達成に資するため〕当該行政機関における経緯も含めた意思決定に至る過程並びに当該行政機関の事務及び事業の実績を合理的に跡付け、又は検証できるように、処理に係る事案が軽微なものである場合を除き、次に掲げる事項その他の事項について、文書を作成しなければならない」とした。

それらは、①法令の制定又は改廃及びその経緯、②前項に定めるもののほか、閣議、関係機関の長で構成される会議又は省議（これらに準ずるものを含む）の決定又は了解及びその経緯、③複数の行政機関による申合せ又は他の行政機関若しくは地方公共団体に対して示す基準の設定及びその経緯、④個人又は法人の権利義務の得喪及びその経緯、⑤職員の人事に関する事項、の五つに類型化された行政文書である。

こうした行政文書の作成ならびにその経緯を行政機関に法的に義務づけたことは評価されてよい。ただし、これらの類型化は、行政文書の保存期間の基準をさだめるためでもある。公文書管理法は、別表第一「行政文書の保存期間基準」をさだめている。各省はそれにもとづき文書管理規則を定め、文書の類型ごとに保存期間をさだめている。

このように公文書管理法は「行政文書」の類型と保存期間に体系性を整えようとするものである。そのかぎりで、行政機関による公文書管理の進展といってよいだろう。だが、ここにもいくつかの「欠陥」を指摘しないわけにはいかないだろう。第一は情報公開法と同様に「組織共用文書」の定義である。

意思決定にいたる過程でつくられるメモの類は私的「忘備録」ではない。意思決定の経緯を物語るものである。それが「行政文書」として扱われないならば、最終的決定にいたる経緯の説明文書としては不十分であろう。第二に、政府全体としての行政文書の保存期間基準はさだめられているが、具体的な保存期間は各省文書管理規則にゆだねられている。とりわけ問題となるのは、保存期間「一年未満」とされる文書だ。それはけっして軽微な事項ばかりではない。言い換えれば、各省の文書保存期間をレビューする第三者機関を必要とするのだが、それは存在していないのである。「一年未満」はもとより「三年」「五年」といった短期間の保存期間設定は適正だろうか。それは情報公開法にストレートに影響をおよぼす。市民が何らかの問題事象の発生をうけて公文書の開示請求をしても、「廃棄」「不存在」とされ、情報公開法制の「骨抜き」に通じる。

以上、少し長く情報公開法と公文書管理法の仕組みと問題状況を述べてきた。これらの法制度は、行政機関そして政治の意思決定過程を透明化するとともに、意思決定情報に市民がアクセスできる権利を保障するものである。政権や行政機関は、こうした法制度が充実をみているならば、独善的かつ閉鎖的な空間で政策決定できなくなる。いわば、政権や行政機関には「扉後の銃」として機能するのである。この意味で、情報公開法、公文書管理法の双方ともに「組織共用文書」なる概念を見直すとともに、公文書管理法については、保存時間の妥当性を精査せねばならないであろう。先に述べた政策情報の充実にくわえて、意思決定情報の公開性の高さこそが、公共政策の質をきめるといっても過言ではない。

④ 政策作成・実施手続きへの参加

参加の鍵を握る自治体

政策の立案から実施の過程が概念的にも実際にも分離できないことは先に述べた。中央政府で決定された政策・事業も機械的に実施されるのではなく、実施過程でより具体的な政策・事業に変容していく。こうした政策過程の実態を踏まえて各レベルにおける多様な市民（国民）の参加をもとめる声が大きなひろがりをみせている。伝統的に中央政府の各府省がもうけている審議会も、国民参加の制度として正当化されてきた。さらに近年では国家行政組織法第八条と設置法令にもとづく審議会とは別に有識者会議（研究会、会議、懇談会など名称は多様）の設置が進んでいる。こうした動きは自治体でも同様である。自治体の審議会には国の法令で設置を義務づけられたものもある（都市計画審議会など）が、独自の条例で設置されるものもある。また有識者会議が多用されている。こうした参加の組織にくわえて中央・自治体ともに、不特定な国民（住民）の意見を聴くとして、規制政策についてパブリック・コメント制度が導入されている。

このような参加の制度が、政策のデザインから実施にどれほど有効であるのかについては多くの疑問が提示されてきた。実際、多くの審議会答申は委員が議論を踏まえて自ら執筆したものではない。たいていの場合、事務局（官僚）が原案を書き会議に提出している。パブリック・コメント制度についてもその意義は承認されつつも、現代の「目安箱」の域を脱していないとの評価も存在する。パブリック・コメントに応じた人びとの意見が詳細に公開されるわけではなく、概要が明らかにされるにすぎない。ケースによっては、関連する利益団体が組織的に意見を提出しているとさえいわれる。

日本の公共政策のデザインから決定・実施に「圧倒的」影響力を握っているのは、中央政府の政権であり官僚機構である。こうしたなかで、右のような参加の仕組みがつくられているが、国政への意見表出・参加に政治的な正統性をもっているのは、自治体であるといってよい。先に憲法第八章の地方自治の規定は、たんに一定地域の住民の相対的な自己決定を保障したのではなく、中央政府と地方政府（自治体）の対抗関係の構築によって民主主義政治体制を確立するための規定と考えるべきと述べた。自治体は直接公選で首長を選んでいるのであり、政治的代表性とそれゆえの政治的正統性をそなえている。したがって、国政への参加、より具体的には中央政府各省の政策・事業のあり方に大きな影響力をおよぼすことができよう。

●国と地方の協議の場の法制化

　自治体の国政参加は、一九八〇年代に自治体が提唱した「地方の時代」以降、折に触れて議論されてきた。二〇〇九年に成立した民主党政権は、二〇一一年に「国と地方の協議の場」を法制化した。閣僚と知事ら首長との協議はアドホックに行われてきたが、あらためてそれを恒常的制度とするものである。構成メンバーは、自治体側が全国知事会、全国市長会、全国町村会の首長サイド三団体の代表と全国都道府県議会議長会、全国市議会議長会、全国町村議会議長会の議会サイド三団体の代表である。中央政府（国）側は、内閣官房長官、総務相、財務相、協議事項に応じた関係閣僚である。首相はいつでも協議の場に出席できるとされている。議長ならびに議長代行は国側が、副議長は自治体連合組織側が選出するが、副議長には設置以来全国知事会会長が就任している。

　協議の対象事項は実に幅ひろく設定されている。①国と地方公共団体との役割分担に関する事項、②地方行政、地方財政、地方税制その他の地方自治に関する事項、③経済財政政策、社会保障に関する政策、教育に関する政策、社会資本整備に関する政策その他の国の政策のうち、地方自治に影響をおよぼすと考えられるもの、とされている。設置法はこれらの事項のうち「重要なものとする」との条件をつけているが、「重要なもの」の判断は国側に独占されているわけではない。構成メンバーは協議を必要とすると考えるとき、内閣総理大臣に協議すべき具体的事項をしめして協議の場の招集をもとめることができるとされている。

国と地方の協議の場が法制化されたことは、たんに地方分権改革にとどまらずに、日本の政治に新たな次元を拓くものといってよいだろう。衆参両院からなる国会において国政のあり方を審議するのは当然として、これにくわえて自治体の連合組織と内閣との協議の場がつくられたことは、国政への利益表出の新たな回路の創造を意味するのであって、民主政治に不可欠な多元的な民意代表回路と評価できよう。そして、当然のことだが、政治と行政の具体的あらわれである公共政策に新たな変化をうみだすであろう。

ところが、こうした制度の意義を評価したうえでいうと、国と地方の協議の場は、実体をともなっているとはいい難い。協議の開催回数は、法制化された初年の二〇一一年こそ八回だが、その後は二〇一八年まで毎年三回ないし四回である（一四年については二回）。しかも、一回あたりの協議時間は六〇分から七〇分程度である。公開されている議事録をみれば一目瞭然だが、協議テーマについて地方側六団体の代表が所見を述べ、政府側が簡単なコメントを述べて終了となる。

これでは、およそ国政への自治体参加とはいえないであろうし、公共政策のへのインパクトも限定されてしまう。こうした状況は自治体側に地方分権改革の熱意がすっかり冷めている証左であるといえばそれまでなのだが、市民生活に密着する自治体は、政策過程へ多様な利益を表出しその多元化に努めるべきであろう。

もっとも、自治体の連合組織にとって利益の表出といっても容易でないことも事実である。全国知事会は、人口一三〇〇万人から六〇〇万人弱の自治体の首長から構成されており、社会経済的条件も異なる。

そのため内政上の意見を簡単にまとめることは難しい。したがって、自治体連合側にもとめられるのは、国政参加のための調査研究機能を強化し、協議事項を共通事項と一定の地域的課題にカテゴライズし協議に付す事項を具体化することであろう。

共通事項の一例をいうならば消費税の税率引き上げのさいの地方消費税問題がある。社会保障の充実のために消費税の税率引き上げが必要とされるが、すでにみたように社会保障機能の大半をになっているのは自治体である。消費税収入のうち地方消費税部分の増額が顧みられるべきであろう。国会での消費税率をめぐる議論は、景気への影響や軽減税率の導入に偏している。自治体はそのような議論とは別に社会保障・社会福祉の充実にむけて地方消費税の配分率の変更による自主税源の向上を協議テーマとしていくべきだ。

これは協議に付すべき共通事項の一例だが、住民に直接根差すもうひとつの政府として自治体は、住民生活の実態から公共政策への入力を強化し、政策過程の多元化を推し進めるアクターとして活発に行動するべきなのである。

●—国地方係争処理委員会

国と地方の協議の場の法制化にくわえて地方分権改革の成果は、国地方係争処理委員会の設置であるといってよい。すでに述べたように、二〇〇〇年四月の第一次地方分権改革は機関委任事務制度を全廃した。これにともない中央各省は事務執行の法令解釈を占有できなくなった。この結果、中央各省と自治体のあいだには、法令解釈をめぐる係争が生まれる可能性がある。こうした事態を想定して総務省の付属機関として国地方係争処理委員会が設置された。法令解釈をめぐる係争が当事者間の協議で解決の見通しのない場合、自治体は委員会に審理をもとめることができる。自治体側に理がないと判断されたばあい、自治体は高等裁判所に提訴でき最高裁判所まで争うことができる。

中央各省と自治体を「対等・平等」と位置づけ、両者の係争に「第三者機関」さらに司法判断を導入した制度は、日本の中央—地方関係の歴史に照らすとき「画期的」であったといってよい。設置当初、国地方係争処理委員会は「活況」を呈するのではないかとの期待さえあった。しかし、設置から二〇年が経とうとしているが、国地方係争処理委員会は事実上「開店休業」状態にあるといってもよいだろう。

これまで国地方係争処理委員会の審査に付された事案は次の五件である。①二〇〇一年の横浜市による勝馬投票券発売税なる新税について審査申立て。②二〇〇九年の新潟県による鉄道運輸整備機構の北陸新幹線工事実施計画についての審査申立て。③二〇一五年、沖縄県が辺野古新基地建設のための公有水面埋立法にもとづく前知事の許可を取り消したことを国は違法としたが、これについての審査申立て。④二〇一六年、沖縄防衛局が行政不服審査法にもとづき国土交通相に公有水面の埋立事業を認めるようにもとめ許可されたことにたいする沖縄県による審査請求。⑤二〇一九年、国は地方税法を「改正」し、ふるさと納税の納付対象自治体についての新たな基準をもうけた。新法成立後、総務省は泉佐野市が改正前に常軌を逸脱する返礼品を納付者に贈っていたとして同市を納付対から除外すると決定した。この決定にたいする泉佐野市の審査請求。

国地方係争処理委員会は、こうした五件のうち①と②については審査対象でないとした。③と④については明確な判断を避け事実上政府の行動を「支持」した。⑤については、「法律による行政」からすればあまりに当然であり初歩的な事項だが、国に取消しを「勧告」した。だが、総務省は「勧告」を受け入れなかった（二〇二〇年六月三〇日、最高裁判所は総務省の措置を違法との判決を下した）。

沖縄県における辺野古新基地の建設問題は、たしかに高度の政治的判断を要する。ただし、政府がいかに「高尚」な安全保障政策を語ろうとも、具体的な軍事基地の建設を不可欠とする。建設予定自治体からすれば、住民の意思を無視して政府の政策を受け入れることはできない。それは地方自治・地方分権に密着するイシュウである。このことに積極的判断を下さない国地方係争処理委員会にたいして、設置の意義を自ら否定しているとの批判がうまれるのも当然であるだろう。

こうした状況をみれば、国地方係争処理委員会の「開店休業」状況は否めない。機関委任事務制度の廃止によって法令の解釈通達は効力を失った。ただし、中央各省は前章でも述べたが多様なガイドラインを自治体にしめしている。しかし、そこにおける法令解釈にしたがう義務は自治体にない。自治体職員のあいだに「政策法務」、つまり地域の実情をきちんと考察し自治的かつ創造的法令解釈を行おうとする運動がある。だが、残念ながら首長の政治指向もふくめて自治体行政の主たる潮流とはなっていない。徒に国と自治体間に紛争をうみだすこともない。とはいえ、国地方係争処理委員会が「活況」を呈するほどに自治体側は「政策法務」の能力開発に努めるべきなのである。それが民主主義体制における自治体政治リーダーの責任であるといえよう。

こうした状況がつくられた後の課題ではあるが、国地方係争処理委員会の組織的位置が見直されるべきであろう。先に述べたように委員会は総務省の付属機関である。委員に任命されている学者の学問的信条も問い直される必要があるが、委員会を内閣の統轄下、それも総務省の付属機関からより独立性の高い第三者機関へと改革する必要があるだろう。

5 国会にもとめられる市民の目線での政策評価

政策評価の意義と多様性

中央政府そして自治体の政策・事業の評価の必要性と重要性は、政党や政治家、首相や首長のような執政部、行政機関、マスメディア、ＮＰＯ／ＮＧＯといった市民団体、さらに研究者や研究機関など多様な主体によって提起されてきた。しかし、この事実は、その視点のおきどころと活用方法も多様だということである。

そもそも、政策評価については、研究者のあいだでもさだまった定義があるわけではない。一部に「政策評価」とは、「政策目標の妥当性を、その目標を達成する手段（プログラムやプロジェクト）の合理性から判断するものである」との定義が存在する。また「政策評価」とは、「政策目標を達成したかどうかを判定するもの」といった定義もみられる。こうした定義はいずれも巨視的にみれば「政策評価」といった活動を部分的であれ説明していよう。しかし、まさにそうだから、評価主体によって政策評価の結果は異なってこざるをえない。

たとえば、日本の都市（再）開発政策は、「土地の高度利用を促進し経済的集積の度合いを高め経済の成長をうながす」を目標に掲げ、容積率の緩和や各種の開発行為にボーナス制度をもうけてきた。結果的に大都市は超高層ビルが林立する空間へと変容している。こうした現実を目のあたりにするとき、政策目標の妥当性や問題解決能力については、多様な評価がうまれてくるであろう。先の定義にしたがえば、政策目標の達成手段としての容積率などの大幅な緩和が合理的であり目標達成に貢献したと評価されることもあれば、政策目標は妥当であるものの手段が過剰でありマイナスの要素も多くみられるとの評価もうまれよう。

いずれにしても、評価に先立って設定された政策目標を所与のものと捉えたうえで、手段の合理性や目標の達成度が評価されることになる。政策評価には常にこうした「政治性」がつきまとう。それゆえ、できうるかぎり客観的な指標を基礎とした評価活動が行われるとともに、ひろく政策評価の結果について議論が展開されるべきである。こうした議論が行われるならば、政策目標の設定自体が、政策を必要とする問題事象にたいして整合しているかの判断に行きつくであろう。

政策評価の重要性を指摘し政策過程の改革に結びつけようとする声は、政治の世界でも叫ばれている。ただし、いったい政策評価はだれのために行われなくてはならないのか。このことが残念ながら明確にされずに議論されているきらいがあるが、政策評価は納税者であり、主権者である市民のために行われなくてはならない。このことを念頭におくならば、政策目標を高度に抽象的に説明し、政策や事業がそれに適合しているかを問題視するよりはむしろ、政策評価には常に政治性が不可避であることを前提として、政策評価のシステムを工夫することが大切となる。つまり、政策評価の基本軸とされるべきは、政策・事業を所管し実施している組織における自己評価と、他者＝外部組織による評価とのあいだの緊張関係であるといってよい。

制度論としていえば、現在でも二重・三重の外部評価の仕組みがつくられている。省庁内にも所管部局から組織的距離をもった評価セクションが存在する。全省庁的にいえば総務省行政評価局が存在する。さらに行政機構全体から憲法上も独立性の保障された会計検査院が設置されている。こうした行政機構内の外部評価機関にくわえて、いうまでもないことだが、国会より具体的には衆参両院の常任委員会と評価組織が存在する。とりわけ、衆院の決算行政監視委員会、参院の決算委員会と行政監視委員会は、決算統制を通じた政策・事業の評価を目的として設置されている。それは立法機能とならぶ国会の重要機能である。こうした「外部」の評価機関が能動的に評価活動に取り組むことによって、政策・事業の所管部局の自己評価も活発になる。

●—政策評価法と予算

一九九六年に橋本龍太郎政権がもうけた行政改革会議は、九七年一二月の「最終報告」において、「政策は実施段階で常にその効果が点検され、不断の見直しや改善が加えられていくことが重要であり、そのためには、政策の効果について、事前、事後に、厳正かつ客観的な評価を行い、それを政策立案部門の企画立案作業に反映させる仕組みを充実強化することが必要である」と、政策評価制度の創設に言及した。それをうけて、二〇〇一年に「行政機関が行う政策の評価に関する法律」(以下「政策評価法」)が制定され、翌年四月に施行された。中央各省に政策評価を義務づけた法律の制定ははじめてのことであり、それなりに「画期的」であるといえよう。

政策評価法は中央省庁における政策評価の基本枠組みをさだめたものである。内閣は三〜五年ごとに政策評価の基本指針を閣議決定し、各省は三〜五年の期間ごとに政策評価の基本計画を策定する。そして一年ごとに実施計画を作成し評価方法をさだめる。評価結果は書面として整え各省における政策の企画立案に適切に反映されねばならないとした。

評価方法は事前評価と事後評価に区分されている。事前評価とは政策決定に先立って行われる評価であるのは当然だが、法的には国民生活や社会経済に相当程度の影響をもたらす、ないし多額の費用を要することが見込まれるものであって、事前評価の方法が確立していることを要件としている。こうした政策について各省は、義務として事前評価を行わなくてはならないし、対象政策は政令でさだめるとしている。一方の事後評価の対象は当該行政機関のミッションに関係する政策全般に適用されるが、具体的にいかなる政策を取り上げるかは、基本計画においてさだめるとしている。また年度途中の政策の評価は、事前評価のカテゴリーにふくまれ、その一部とされている。そして政策評価法は、これら事前評価ならびに事後評価に関する基本方針から政策への反映状況のすべてを、公表するとしている。

ところで、こうした政策評価法の枠組みのもとで政策評価の方式とされているのは、事業実施評価方式、実績評価方式、総合評価方式である。いずれも総務省を中心とした政府作成のネーミングであって、「方式」ないし「手法」として学問的に確立しているものではないが、概要は次のように説明されている。事業実施評価方式とは基本的に事前評価であって、政策目標の実現のための施策や事業について、あらかじめ期待される効果やそれに要する費用などを推計して、政策目標の妥当性や行政機関による実施の妥当性について評価しようとするものである。実績評価方式とは、政策決定時にあらかじめ達成すべき目標をさだめて、それについての実績を定期的に測定し、目標期間が終了した段階で総括的な評価を行おうとするものである。総合評価方式とは、政策の決定から一定期間がすぎた段階で、政策効果について分析し政策の問題点を明らかにしようとするものである。

先にも述べたように政策評価法の制定はたしかに日本の行政にとって画期的であるのだが、以上の制度的枠組みならびに評価方式には、政策実施機関さらには内閣の裁量的要素が大きく機能する。政策目標や行政機関の実施の妥当性をあらかじめ評価するといっても、政策を企画する行政機関が、まったくの白紙状態で事前評価である事業実施評価をすることはない。逆にいうと、政策・事業の「正当化」のために評価が実施されることもないとはいえない。こうした政策評価の「政治性」を考えるならば、政策評価の過程を全面的に情報公開し透明性を高めることである。また、とりわけ国会の関連委員会は、各省の政策評価を取り上げその妥当性について官僚機構と議論することが重要となる。

●—予算査定と政策評価

ところで、政策評価は各省における政策立案の合理性を高めることにくわえて、政府全体の財政支出の効率性の向上を目的としている。予算は政策・事業の実施の有力な手段であり、理論的にいうかぎり予算編成にあたって政策・事業の事前評価を必要とする。科学性と客観性をもつ事前評価が予算編成に前置されるならば、利益集団とそれに密着した政治集団の非合理的な予算要求は力を弱めることであろう。

財務省は政策評価法の施行された二〇〇二年に翌二〇〇三年度の予算編成にあたって、概算要求時に「施策の意図、目的等に係る調書」(政策評価調書)の提出を各省にもとめた。この結果、各省は重点施策について政策評価調書を提出することになった。これを機として各省は毎年度の概算要求時に政策評価調書を提出している。

財務省は「予算編成等における政策評価の活用状況」を公表している。それは主計局、主税局、関税局、理財局に分けて説明されている。二〇一八年度予算編成等における「政策評価の活用状況」のうち、予算査定の主たる部局である主計局については、図11のようである。各省の政策評価の結果と財務省主計局の評価結果の予算への反映状況が概括されている。主計局は「各行政機関が行った政策評価の結果に基づき、個々の事務事業の効率性の検証を行うなど、予算に的確に反映」したとしているが、政策評価の結果の二〇一八年度予算(一般会計)への反映は、要求額を七八三億円減額するものだった。これ

図 11　政策評価の結果の反映状況

- 各行政機関が行った政策評価の結果に基づき，個々の事務事業の効率性の検証を行うなど，予算に的確に反映.
- 政策評価の結果の平成31年度予算への反映額は▲185億円。

◆主な反映事例

<法務省>

矯正施設における収容環境の維持及び適正な処遇の実施【反映額:▲0.5億円】

<事業の概要>

被収容者の改善更生及び円滑な社会復帰を図るため,被収容者の個々の状況に応じて,収容環境の維持を含めた適切な処遇を実施する.

〈法務省における政策評価結果のポイント〉

【達成しようとする目標】

刑事施設における職業訓練や少年院における職業指導，矯正施設の就労支援スタッフ等を活用した就労支援等の充実により，出所(院)後の就労の安定を図る.

【政策評価結果のポイント】

今後も社会の雇用ニーズを取り入れた就労支援効果の高い職業訓練を充実させるため,訓練科目及び訓練人員等の見直しを行うとともに，職業訓練以外についても，業務の効率的な運用について検討を行う.

〈政策評価結果に対する考え方〉

目標達成に向け，社会の雇用ニーズ等を取り入れた就労支援効果の高い職業訓練を充実させるとともに，職業訓練以外についても，業務の効率的な運用について検討を行う.

〈予算への反映状況〉

社会の雇用ニーズ等を取り入れた就労支援効果の高い職業訓練を充実させるため，フォークリフト運転科職業訓練の人員を見直す一方，運転実習時間の充実を図った.

また，少年鑑別所6庁について，収容人員の減少に伴い給食形式を近隣刑事施設との共同炊事から弁当給食へ移行するなど，少年施設炊事業務の効率化を図った.

<国土交通省>

海上物流基盤の強化等総合的な物流体系整備の推進，みなとの振興，安定的な国際海上輸送の確保を推進する(うち，国際戦略港湾競争力強化対策事業)【反映額:▲8.0億円】

<事業の概要>

国際戦略港湾における国際基幹航路の維持・拡大を図るため，港湾運営会社が実施する集貨事業に対して補助を行い，国際戦略港湾への集貨を強力に推進する.

〈国土交通省における政策評価結果のポイント〉

【達成しようとする目標】

国際戦略港湾(京浜港、阪神港)に寄港する北米基幹航路のデイリー寄港を維持するとともに，欧州基幹航路を週3便に増やす.

【政策評価結果のポイント】

北米基幹航路については，地方港から国際戦略港湾への集貨を中心としたこれまでの支援により，デイリー寄港を維持することができた一方で，欧州基幹航路については，週3便とする目標は未達(週1便)となった.

しかしながら，地方港と国際戦略港湾を結ぶ国際フィーダー航路の寄港便数は1.5倍に増加するなど，効率的に国内貨物を国際戦略港湾に集める仕組みが出来上がってきている.

〈政策評価結果に対する考え方〉

欧州基幹航路の週3便化については未達となったものの，国際フィーダー航路の寄港便数は大幅に増加するなど，本事業は国際戦略港湾における競争力強化に一定の役割を果たしてきた.

今後は，量だけでなく質の向上への支援方法の転換を行い，予算の効率化を図るべきである.

〈予算への反映状況〉

効率的に国内貨物を国際戦略港湾に集める仕組みが出来上がってきている状況を踏まえ，海外フィーダー等貨物誘致事業(地方港から東アジア主要港を経由して北米向けに輸出していた貨物等を国際戦略港湾経由に転換し，輸送コスト低減を図るための事業)を廃止する一方で，一層の集貨を促す観点から，外航フィーダー利用促進事業(東南アジアとのフィーダー航路網の充実を図るための事業)，積替機能強化事業等に重点化を図った.

(計数については、精査の結果、異同を生じる場合がある。)

出典）財務省『平成 31 年度予算編成等における政策評価の活用状況』2019 年 3 月より抜すい.

をどのように考えるかは、まさに評価が分かれるであろう。そもそも、予算の概算要求には社会保障経費をはじめとした義務的経費が多額を占める。二〇一八年度の概算要求額の総計は一〇〇兆円を超えていたから、全体からいえば、政策評価調書が予算査定に機能したのか、疑問が生じても否めない。政策評価の対象の選定をふくめて国会予算委員会をはじめとした常任委員会での議論がもとめられる所以である。

●──決算と予算統制

予算の準備から実行、決算、決算の政治的統制という予算サイクルのいずれのステージにおいても政策の評価は重要な意味をもっているが、決算は、本来、それ自体に意義があるのではなく、次年度以降の予算の準備・実行に反映させ、政策・事業の有効性を確保するために行われる。

各省における決算の過程は、当該年度における予算の省庁内における示達過程をさかのぼる形をとる。新年度に各省に配賦された予算は、さらに内部部局に配賦される。これは支出負担行為の限度額の示達といわれる。示達はピラミッド型に組織された官僚制組織の階段を下降し末端にいたる。各省における支出負担行為の最終責任は、いうまでもなく各省の長にあるが、事務の煩雑さをさけるために内部規則によって支出負担行為の限度額をさだめて下級機関に委任されている。この委任をうけた職員は支出負担行為担当官とよばれるが、さらに事務の一部は分任支出負担行為担当官とよばれる下級職員に委任される。こうした組織構造のもとで各種の契約が結ばれ公金が支出される。会計記録は四半期ごとに分任支出負担行為担当官から支出負担行為担当官へ、さらに局レベルの予算管理を行っている総務課へ、そして大臣官房会計課（予算課）へと報告され、予算書の科目分類に応じてまとめられる。

一方、憲法第九〇条に存立の根拠をもち内閣から独立している会計検査院は、各省にたいして同院のさだめる計算証明規則に応じた会計経理実績書とその証拠書類（契約書、請求書、領収書など）の提出を四半期ごとにもとめている。したがって、各省内部における決算過程は、会計検査院の計算証明規則にもとづく会計経理実績書の作成とパラレルに進行している。

本来であるならば、年度途中における施策・事業の実績評価は、この四半期ごとの決算において各省が自ら行うべきことである。契約内容は目標に照らして妥当であるのか、公金支出が経済性をそなえているのか、代替的方法はなかったのか、などは各段階においてなしうることである。だが、官庁内において決算とは、長年にわたって「出納管理」ないし「出納簿の作成」と観念されてきたのが実態である。この悪弊を正すことに政策評価法の本来の意義があるといえるが、こうした「行政文化」の変容への道は険しい。

決算とはたんなる出納管理でもなければ、公金の収入支出が会計諸規則に適合しているかどうかを判断することでもない。会計諸規則に適合した事業費支出であるからといって、経済性を保証するものとはいえないし、ましてや効率性を証明するものでもない。

ところで、各省は出納整理期間（予算年度の翌年の四月末日）までを対象とした歳入歳出決算書を同年七月末日までに財務省に送付する。そして財務省は同年一一月末日までに歳入決算明細書と歳出決算明細書を会計検査院に送付せねばならない。これらの構成は財政法第三八条に規定されている。歳入決算明細書の内訳は①歳入予定額、②徴収決定済額、③収入済歳入額、④不納欠損額、⑤収入未済歳入額である。そして歳出決算明細書のばあいは①予算額、②前年度繰越額、③予備費使用額、④流用等増減額、⑤支出済歳出額、⑥翌年度繰越額、⑦不用額である。これらの項目について詳細な金額が記入されているのは当然であるが、それでも「出納管理」の域を超えているとはいえないだろう。たとえば、なぜ予備費や共通経費の流用が起きたのか、不用額はいかなる理由によるのか――予算の経費見積もりの過剰さなのか、社会経済の新たな変化ゆえであるのか――、それらがまさに分析され説明されなくてはなるまい。日本における予算サイクルとそれを前提とした制度枠組みならびに運用にあたって、決算の意義が軽視され続けてきたといわれるのも、なぜ、そのような決算となったのかが、国民にむけて説明されないからである。

●会計検査院と政策評価

政策評価法は一定の枠組みのもとで行政機関に政策・事業の評価を義務づけた。ただし、全政府レベルでいうと、会計検査院は全政府レベルでの決算統制を通じて政策・事業の評価を行うことをミッションとしている。

憲法第九〇条第一項は、「国の収入支出の決算は、すべて毎年会計検査院がこれを検査し、内閣は、次の年度に、その検査報告とともに、これを国会に提出しなければならない」とさだめている。この規定にもとづいて会計検査院は会計検査を実施している。そして会計検査院長は、通常、一二月末に『決算検査報告』を首相に提出している。

会計検査院が検査対象としている機関は、中央各省の機関のみではない。特殊法人、独立行政法人、国の出資している法人にくわえて、これらが出資している法人、国費が投入されている自治体などの補助事業実施機関まで幅ひろく検査対象とされている。会計検査院の検査手法は、「書面検査」と「実地検査」である。書面検査とは先に述べた会計検査院の計算証明規則にもとづき提出された書類の検査である。例年、提出される計算書は二四万冊、証拠書類は四四万冊、計七三〇〇万枚といった膨大な量におよぶという。他方実地検査とは事務局職員を検査対象機関や場所に派遣して、会計記録や工事方法、施行状況などについて検査することである。これは予算が実行されている年度途中の一一月から翌年の一〇月にかけて実施されている。

会計検査院は毎年度検査の基本方針をさだめ、そのうえで実地検査を行うための検査計画を策定する。検査計画は検査を実施する部局が作成するものであり、検査上の重点項目を設定し検査の着眼点や方法、職員の投入量などについてまとめたものである。

会計検査院が検査の観点として外部に説明してきたのは、正確性の検査、合規性の検査、経済性・効率性の検査、有効性の検査である。

正確性の検査とは、決算が予算執行の状況を正確に表示しているかをテーマとした事務的処理である。合規性の検査とは、公金の収入支出が会計諸規則に適合しているかどうかを主題とする。たとえば、租税や社会保険料の徴収が法令の適用を誤っていないか、保険給付は法令の規定に適っているか、補助金支出や貸付金は対象事業が法令の規定にもとづいているか、などについての検査である。毎年、年末の会計検査院長報告の後にマスコミは「違法・不当な支出」といった記事を掲げるが、これは会計検査院のもっとも伝統的な検査視点であり手法である。会計検査院は違法不当な収入支出について是正を命じる権限を有している。こうした合規性の検査の意義と必要性は否定しないが、今日もとめられている政策評価とは次元を異にしている。

経済性・効率性の検査は、一九八〇年代から会計検査院の検査の着目点にくわえられた。これは業務が経済的・効率的に実施されているかに着目した検査とされている。具体的には、工事・物品購入・請負作業などの契約額が適正か、その前提である予算の積算は適切か、工事の計画や設計、物品の購入計画や仕様などが適切に作成され経済的に実施されているか、などを検査することであるとされる。そして、有効性の検査とは、九〇年代以降にくわえられた検査視点であるが、事業が所期の目的を達成し効果をあげているかについての検査である。たとえば、造成した用地や建設した施設が事業目的どおりに使用され効果をあげているか、長年の継続事業のなかに当初の目的を達成済みのものはないか、経済社会の変化によって意義の薄れたものはないか、などを中心とする検査であるとされる。

会計検査院長の「決算検査報告」における大半の指摘事項は合規性の検査と経済性・効率性の検査にかかるものである。内閣から高度に「独立」した機関が、以上のような視点から施策や事業の検査を行うことの意義はけっして小さくない。ただし、会計検査院の会計検査を政策評価といいうるかどうかには疑問が生じよう。とりわけ、概念の未整理と会計検査院のスタンスにかかわる問題がはらまれている。

会計検査院は、「経済性」と「効率性」を区分することなくもちいている。概念についての議論はあるが、「経済性」（economy）は同一の結果をより安い費用で実現することである。「効率性」（efficiency）は同一の経費でより高い成果をあげることである。経済性も効率性も政策・事業の評価におけるキーワードたりうるが、この両者を概念的に区分して、事業結果を評価する必要があろう。会計検査院のいう「有効性の検査」は、もうひとつ意味不明だが、右のような経済性と効率性の概念に立てば、わざわざ「有効性の検査」をいわなくても説明のつくことである。たとえば、造成された土地が事業目的どおりに使用され効果をあげているかを問うのではなく、より安い費用で同一の効果をあげることができなかったのか、あるいは投下された費用に見合う効果があがっているのか、を明らかにすることである。それによって政策・事業の結果が明瞭になる。

ところで、経済性・効率性の検査も有効性の検査も、政策・事業の目的を所与のものとして扱っている。これは経済性および効率性の評価には妥当だが、有効性の検査（評価）は、本来、政策・事業の目的の妥当性を問うものである。だが、会計検査院は巨額の財政投融資資金の投下されるリニア新幹線建設事業に代表される大型公共事業の事業目的に妥当性を問うことはない。実は、内閣の設定した政策・事業の目標や優先順位については検査対象としないことが、不文律とされている。そのことははたして、憲法に存立が保障された会計検査機関として妥当なのか、ひろく政治の世界で議論されるべきであろう。

●—国会そして市民による政策評価

政策評価法にもとづく行政機関の政策評価、会計検査院の会計検査のいずれにしても、課題を指摘すれば枚挙に暇がないであろう。とはいえ、毎年度実施されている政策評価や会計検査は、国会さらには市民による政策・事業の評価にとって豊富な情報となりうる。

国会が政党政治の舞台であり、しかも国会多数派から首相が指名され内閣が構成される。この議院内閣制ゆえに国会多数派（政権与党）の行政そして予算統制機能は、きわめて弱体であると社会的にみなされている。とりわけ、二〇一二年の第二次安倍政権の成立以降、与党である自民党内の政権対抗勢力は衰退し、そのことが一段と国会なる「国権の最高機関」を有名無実としているといってよい。

しかし、与党はもとより野党もふくめて国会は、政権のために存在するのではない。国民・市民のためにあるのであって、政権を頂点とする官僚機構の政策・事業を統制していかねばならない。この当然すぎるほど当然の命題は、国会議員・政党に自覚されるべきなのである。こうした国会の「病理」現象が指摘されるなかで、国会の活動は否定的な動きばかりではない。

国会は二〇一一年一二月に「東京電力福島原子力発電所事故調査委員会」（委員長・黒川清、以下「国会事故調」）を設置した。東京電力福島第一原子力発電所の過酷事故の衝撃のすさまじさゆえであるとしても、国会が設置法をさだめ原子力行政の実態と事故責任を検証する付属機関を設置したのは、国会史上はじめてである。そこに国会の「良心」がなお残っていると感じた国民は少なくなかったはずである。

もちろん、国会事故調の設置法が一年間の時限立法であり延長をはからなかったことや、二〇一二年七月の国会事故調報告書にもとづく行政統制がなされていないことなど、批判されるべき点は多々存在する。とはいえ、こうした経験に照らすならば、国会は常任委員会の調査室、付属機関である国会図書館の機能を拡充し政策・事業評価に積極的に立ち向かうべきである。

政策・事業評価についての社会の関心は高いといってよいが、観点や方法は、依然として未開発な部分を残している。逆にいうと政治と行政のゆくえに密着する政策・事業評価には、「唯一」の観点や方法は存在しない。この一種の「陥穽」を超えるには、多元的な政策・事業評価をなすセクターがつくられ、論争を巻き起こすことである。国会は、そのスタッフによる政策・事業評価の方法を開発するとともに、国会事故調の活動のように多数の市民からのヒヤリングや現地実態調査による政策・事業評価活動を行える制度基盤を有しているのである。

参考文献

足立幸男・森脇俊雅編『公共政策学』ミネルヴァ書房、二〇〇三年。

伊東光晴『アベノミクス批判――四本の矢を折る』岩波書店、二〇一四年。

今村都南雄編『日本の政府体系――改革の過程と方向』成文堂、二〇〇二年。

大森彌「公共事業の分権改革――分権委五次勧告の形成過程とその帰結」日本行政学会編『年報行政研究35 公共事業の改革』ぎょうせい、二〇〇〇年。

大森彌『新版 分権改革と地方議会』ぎょうせい、二〇〇二年。

大山礼子『日本の国会――審議する立法府へ』岩波新書、二〇一一年。

上林陽治『非正規公務員の現在――深化する格差』日本評論社、二〇一五年。

新藤宗幸『行政指導――官庁と業界のあいだ』岩波新書、一九九二年。

『講義 現代日本の行政』東京大学出版会、二〇〇一年。

『教育委員会――何が問題か』岩波新書、二〇一三年。

『官僚制と公文書――改竄、捏造、忖度の背景』ちくま新書、二〇一九年。

竹信三恵子『企業ファースト化する日本――虚妄の「働き方改革」を問う』岩波書店、二〇一九年。

田中秀明『財政規律と予算制度改革――なぜ日本は財政再建に失敗しているか』日本経済評論社、二〇一一年。

西尾勝『行政学 新版』有斐閣、二〇〇一年。

西尾勝『行政の活動』有斐閣、二〇〇〇年。

畠山弘文『官僚制支配の日常構造――善意による支配とは何か』三一書房、一九八九年。

松下圭一『政策型思考と政治』東京大学出版会、一九九一年。

松下圭一・西尾勝・新藤宗幸編『岩波講座 自治体の構想』1〜5、岩波書店、二〇〇二年。

山下祐介『地方消滅の罠――増田「レポート」と人口減少社会の正体』ちくま新書、二〇一四年。

山下祐介・金井利之『地方創生の正体――なぜ地域政策は失敗するのか』ちくま新書、二〇一五年。

＊

G・L・カーティス『ジャパン・ストーリー――昭和・平成の日本政治見聞録』（村井章子訳）日経BP社、二〇一九年。
M・リプスキー（田尾雅夫・北大路信郷訳）『行政サービスのディレンマ――ストリート・レベルの官僚制』木鐸社、一九八六年。（M. Lipsky, *Street-Level Bureaucracy: Dilemmas of the Individual in Public Services*, Russell Sage Foundation, 1980.）
A・ウイルダフスキー（小島昭訳）『予算編成の政治学』勁草書房、一九七二年。（A. Wildavsky, *The Politics of the Budgetary Process*, University of California Press, 1968.）

索　引

さ　行

た　行

ら　行

著者略歴
1946年　神奈川県生れ.
1972年　中央大学大学院法学研究科修士課程修了.
立教大学法学部教授，千葉大学法経学部教授，
公益財団法人後藤・安田記念東京都市研究所
理事長などを歴任.
現　在　千葉大学名誉教授.

主要著書
『福祉行政と官僚制』（岩波書店，1996年）
『講義 現代日本の行政』（東京大学出版会，2001年）
『概説 日本の地方自治 第2版』（共著，東京大学出版会，2006年）
『財政投融資』（東京大学出版会，2006年）
『司法官僚』（岩波新書，2009年）
『現代日本政治入門』（共著，東京大学出版会，2016年）
『原子力規制委員会』（岩波新書，2017年）
『官僚制と公文書』（ちくま新書，2019年）

概説 日本の公共政策　第2版

2004年2月17日　初版第1刷
2020年9月28日　第2版第1刷

［検印廃止］

著　者　新藤宗幸《しんどうむねゆき》

発行所　一般財団法人　東京大学出版会
代表者　吉見俊哉
153-0041 東京都目黒区駒場 4-5-29
http://www.utp.or.jp/
電話　03-6407-1069　Fax 03-6407-1991
振替　00160-6-59964

印刷所　株式会社理想社
製本所　誠製本株式会社

ISBN 978-4-13-032229-4　Printed in Japan